MW01168674

LA MÉMOIRE DU CŒUR

DU MÊME AUTEUR

Portraits, éditions de l'Aube, 1994
Les uns et les autres, éditions de l'Aube, 1993
Duel, Hachette, 1988
Dans le secret des princes (avec Alexandre de
    Marenches), Stock, 1986

Christine Ockrent

LA MÉMOIRE
DU CŒUR

Fayard

pour Alexandre

*Il y a tout compte fait deux
sortes de gens : ceux qui restent chez eux
et les autres.*

Rudyard Kipling

Le silence. Ce qui m'entoure, subitement, n'est plus que silence. Éloigné, le brouhaha des conférences de rédaction ; assourdis, les crépitements de l'actualité ; étouffée, la palpitation de l'instant. Le téléphone ne sert plus qu'aux amis. De retraite en retraite, comme une convalescente, j'essaie d'apprivoiser le silence. Il ne m'est pas familier. Je l'ai bien recherché de loin en loin, en quelque hâvre de passage ; je l'ai savouré par instants comme une denrée rare ; je m'en suis repue pour mieux retourner au tumulte, et voici qu'il me tombe dessus, pesant, entier, sans refuges ni cachettes. Il m'effraie. Il n'offre pas de

11

recoin à la mémoire, pas de trajectoire à la fuite. Il est sans merci et sans échos.

Pour la première fois en quelque trente ans de fièvre et de poursuites, me voici immobile. Stoppée net dans mon aventure à la tête de *l'Express*. Arrêt de mort et de renaissance. Comme c'est difficile ! Le temps à nouveau s'impose, que j'avais fui à perdre haleine ; celui que l'on brûle pour ne pas le subir, celui que l'on gagne, que l'on détourne et que l'on perd ; celui que l'on décrit et que l'on vit plusieurs fois ; celui que l'on dissèque et que l'on recompose. Ivresses et illusions de l'apprenti-sorcier du papier et de l'image. Le journalisme, en direct ou en différé, au quotidien ou en hebdomadaire, est une manière trompeuse et superbe de berner le temps. De le prolonger, de le figer, de le démultiplier. De le nier.

Il m'a rattrapée. Je lui dois des comptes.

De ce métier qui attire la lumière, la poussière, l'envie et les sarcasmes, je ne renierai rien. Ni les moments graves ni les forfanteries, ni les enivrements ni les humiliations, ni les intuitions ni les tâtonnements, ni les erreurs ni les errances. Pas même la solitude. Il y a les coups que l'on réussit et ceux que l'on reçoit, les effusions et les trahisons également partagées, les attendrissements et les dégoûts, les faux-semblants et les émerveillements, les bravoures, les sacrifices, les compromis et pourtant la fierté. Ce que j'en récuse, c'est l'indifférence ; ce que j'en combats, c'est le cynisme ; ce que j'en dénonce, c'est le dévoiement, l'usurpation, les impostures. Ce que j'en savoure, c'est le rebondissement.

Je n'ai pas le goût des trophées, des décorations, des photos dédicacées et soigneusement encadrées où l'on pose avec les grands de ce monde. Je n'ai pas la prétention de prendre ces quelques souvenirs pour des mémoires. Mon parcours au pays des médias ressemble trop à un vagabondage pour en tirer des préceptes ou en imposer une géographie. Dans le silence qui maintenant m'étreint, je ressens pourtant comme un devoir de colère, de réminiscence, de gratitude aussi. Au-delà des péripéties, des épreuves, des secousses et des cycles longs de la vie, j'ai besoin de comprendre quel a été le sens de ces apprentissages ou de ces initiations pour lesquels je n'ai pas toujours su dire merci. Leçons singulières, parfois quémandées, souvent subies ; rencontres et passages qui fondent tout à la fois l'expérience, l'arrogance et l'humilité ; traces tantôt légères, tantôt profondes, qui sillonnent le passé et façonneront mes lendemains.

Une façon de saluer des compagnons de voyage, quelques maîtres et leurs disciples, des inconnus qui m'ont souri, des détracteurs qui m'ont blessée et des amis auxquels je dois rires et tendresses.

Une manière de remonter le temps, ses courants, ses alluvions, comme pour le narguer encore et peut-être apprendre enfin à mieux composer avec lui.

I

L'exécution

Il était assis, courbé sur la couchette du bas. Le sommier du dessus l'empêchait de se redresser. Amir Abbas Hoveyda, ancien Premier ministre du Shah, flottait dans une sorte de pyjama gris et lisait avec application un gros Coran relié de cuir et d'or. C'était bien le seul vestige de sa splendeur passée. L'avait-il saisi par prudence, au premier cliquetis de la serrure, pour faire bonne impression, ou bien y cherchait-il couramment son réconfort ? Le découvrant, je ressentis le même malaise qu'à notre arrivée à la prison d'Erevan : nausée, jambes qui se dérobent, sueur glacée qui soudain vous couvre de la tête aux pieds.

M'apercevant, il sourit presque d'étonnement.

« Bonjour, nous sommes des journalistes français. Nous avons reçu l'autorisation de vous interroger. On s'inquiète beaucoup pour vous en France. »

Son sourire s'élargit. Il détonne sur ce visage rabougri où la peau s'abandonne, comme à la recherche de rondeurs anciennes.

« La France... On se souvient donc de moi en France ? »

Les yeux s'embuent. Il se lève et, retrouvant le geste d'autrefois, quand son pouvoir et sa bonhomie lui attiraient amitiés cupides et courtisanes, il me tend les deux mains :

« Soyez la très bienvenue. Je vous en prie... »

D'un mouvement rond, il m'ouvre son royaume. Un instant, l'ironie des circonstances tempère mon émotion. La cellule rectangulaire est exiguë. Les murs sont blanchis à la chaux et une lucarne laisse entrer la pâle lumière de mars. « Il est traité avec des égards particuliers », avait insisté le sous-directeur de la prison avant de nous conduire, en maugréant, jusqu'à l'ancienne infirmerie dont les chambres

16

avaient été reconverties en geôles. La prison d'Erevan regorgeait de détenus. Dans ses errements, la révolution iranienne punissait à tours de bras, chaque faction ajoutant au nombre des ennemis de Dieu représentants illustres ou insignifiants de l'ordre ancien, dignitaires, fonctionnaires, universitaires, intellectuels, tous ceux dont les rôles ou les privilèges, la formation et les contacts avec l'étranger paraissaient désormais suspects.

Quand nous arrivâmes à Téhéran, début mars 1979, avec le projet de réaliser pour le magazine d'information de *FR3* un long documentaire sur la révolution en cours, l'idée que s'en faisaient à Paris les médias et les maîtres-penseurs était des plus floues. Les révolutionnaires en chambre avaient applaudi, les premiers temps, les harangues de l'ayatollah Khomeyni que ses réseaux diffusaient en cassettes, et salué à grand fracas son retour au pays. Ils avaient reconnu là une « victoire du peuple » qui, selon leur courte vision de l'Histoire, a toujours raison. La nature même du nouveau régime n'était pas bien établie. La mode, à gauche, était de collectionner les témoignages sur les atrocités, réelles, de la Savak, la police secrète du Shah, sans savoir qu'elle était largement passée au service des mollahs. À droite, l'heure était à l'attentisme et à une prudente discrétion sur la nature des liens et des intérêts en tous genres qui avaient longtemps associé nombre de personnalités et de firmes françaises à l'ancien régime. Fidèle à sa tradition d'asile et de tolérance, la France de Valéry Giscard d'Estaing n'avait-elle pas autorisé à Neauphle-le-Château l'installation et les agissements du guide de la révolution ?

Sur la situation à Téhéran, on ne savait pas grand-chose. Le Shah et sa famille, après avoir cru à la parenthèse réformiste du gouvernement Bakhtiar, avaient fui le pays. Leur fortune depuis longtemps à l'abri, les personnages les plus en vue de la cour avaient sans hésiter choisi l'exil. Seul de son rang et de son influence, Amir Abbas Hoveyda avait tenu à rester. Plusieurs fois, on avait proposé et organisé sa fuite ; des émissaires du nouveau pouvoir l'y avaient même encouragé, en vain. Hoveyda ne voulait pas partir. En novembre 1978, il fut arrêté sans ménagements par un groupe de Pasdarans et interné en pleine ville, dans la vieille prison d'Erevan. En France, l'émoi fut alors considérable. Il y comptait beaucoup d'amis, pour y avoir étudié le droit et avoir ensuite témoigné d'une indéfectible francophilie. Premier ministre du Shah pendant treize ans, l'orchidée à la boutonnière, il traitait somptueusement ses hôtes et savait, par mille et une attentions, flatter ses amis et leurs intérêts. Fin et cultivé, épris de l'esprit des Lumières, il déplaisait aux courtisans qui lui reprochaient ses origines sociales et son appartenance à la communauté bahaïe, qui pratique de l'islam un rite particulier et dont les membres sont traditionnellement stigmatisés.

Dès son premier jour de détention, Hoveyda avait entrepris de préparer sa défense comme il savait le faire, en juriste formé aux principes et aux subtilités du droit français. Ses contacts avec le monde extérieur se limitèrent vite à sa nièce qui, seule de ses fidèles, le visitait régulièrement. Par elle et par des amis communs à Téhéran, j'avais appris qu'il attendait son procès comme le moyen le plus sûr et le plus irréfutable d'être lavé personnellement des crimes que le nouveau régime imputait à l'ancien. Le principe même d'un tel procès, son calendrier, la publicité qui en serait faite étaient devenus, entre les différents clans qui, au jour le jour, se disputaient le pouvoir, un enjeu capital.

Les marchands du Bazar, qui avaient précipité la chute du Shah, commençaient à s'inquiéter des débordements des mollahs et des comités de quartier qui faisaient la loi à chaque carrefour. Le candidat qu'ils poussaient à la place du Premier ministre Bazargan, mis en place par Khomeyni, était Bani Sadr, un timide professeur de théologie qui parlait un peu le français mais n'était pas compromis aux yeux des religieux.

Dans la confusion et la crainte ambiantes, la besogne des journalistes étrangers est ardue. Confinés dans un seul hôtel islamisé et mis au goût du jour, nous sommes vite gagnés par l'espionnite et l'intox. Des bruits suspects dans le téléphone ; pas de liaisons avec l'étranger, sauf par l'entremise de nos amis de l'AFP qui, avec peu de moyens, accomplissent un travail admirable ; partout des gens de la Sécurité qui épient nos allées et venues, fouillant à chaque occasion sacs et matériel. Un borgne malodorant, préposé à l'entrée, me poursuit particulièrement de sa suspicion, crachant par terre de dégoût chaque fois qu'il ouvre le même paquet de cigarillos.

L'exécution

On croise comme à l'accoutumée les vrais et les faux habitués du baroud journalistique : ceux qui ont trop de poches à leur blouson et sont toujours sur un coup ; ceux qui partagent et ceux qui jouent solo ; les machos et les trouillards (ce sont souvent les mêmes) ; les faux interprètes prêts à vendre leurs contacts ; quelques agents des services sous leurs déguisements préférés, et même Jean-Charles Marchiani qui devait m'en reparler bien des années plus tard...

Les Français entre eux sont évidemment moins chaleureux et confiants que les Anglo-Saxons. Le mauvais jus d'orange, l'absence d'alcool au bar ne favorisent guère les effusions et les récits de comptoir qui ont tant fait pour embellir et travestir la réputation du métier. La fraternité contrainte mais réelle de toute équipe de télévision sur le terrain nous tient heureusement lieu de réconfort.

Nous comprenons vite qu'aux antipodes du romantisme révolutionnaire, c'est la peur qui règne sur Téhéran. J'appelle les quelques amis iraniens rencontrés lors de précédents reportages, silences gênés ou promesses de rendez-vous furtifs. Jean-Loup Revérier, qui nous accompagne et qui, à Paris, avait noué des liens avec quelques personnalités du nouveau pouvoir alors en exil, a du mal à rétablir le contact. Avec Jean-Claude Luyat, dont la caméra cherche à capter le climat, nous serons arrêtés à plusieurs reprises par des bandes de « soldats du peuple » qui, aidés du mollah du quartier, vérifient la tenue des femmes, leur jettent à l'occasion de l'acide au visage, fouillent les voitures, embarquent le contenu quand il leur convient, et ricanent devant les laissez-passer officiels dont nous nous sommes pourvus. Le matériel de tournage suscite convoitise et suspicion, mais, comme je l'ai souvent vérifié dans ce genre de circonstances, l'autorité d'une femme, blonde de surcroît, dans un rôle et un attirail tout à fait exotiques, s'affirme plus facilement qu'ailleurs. Nous n'évitons pas pour autant une nuit de détention dans l'école d'un quartier résidentiel, au nord de Téhéran, où les anciens domestiques prennent une revanche sur leurs maîtres d'antan.

Je débarque non sans difficulté chez une amie dont la famille, vieille souche terrienne qui ne doit rien aux faveurs du Shah, vient d'être dépossédée d'office. Elle-même vit sous la menace d'un ancien cuisinier qu'elle avait installé dans le pavillon du jardin et qui convoite maintenant la maison des maîtres. Généreuse et libérale, elle s'efforce d'exalter l'espoir et les promesses du nouveau régime, mais sa voix a tôt fait de se briser et nous contemplons, silencieuses, au bas de la colline, la ville immense désormais privée de lumière. Mon amie paiera ses convictions de trois ans de prison, mais, ce jour-là, elle croit encore à la raison et à l'utilité d'expliquer à l'étranger ce qui se passe.

« Interviewer Hoveyda ? Ce n'est pas impossible. Les modérés du régime veulent prouver à l'extérieur qu'ils sont crédibles et fréquentables, en mesure de maintenir un État de droit. Ce serait en tout cas, pour lui, le meilleur service à lui rendre ! Briser son isolement, lui dire que ses amis se préoccupent de son sort ! Il pourrait exposer ses arguments à l'opinion internationale et se rappeler au souvenir de ses bons amis français qui ne font plus rien pour lui ! Je t'aiderai. »

Par son entremise, j'aurai accès au Premier ministre Bazargan, largement dépossédé de ses pouvoirs mais dont les religieux ménagent encore la clientèle. Je retrouve avec stupeur, lui servant de factotum et sans doute de censeur, un ancien attaché de presse de la Shahbanou avec lequel je m'étais liée d'amitié quelques années auparavant. Des yeux, il m'implore de n'en rien laisser paraître. Avec sa barbe et sa chemise grise à col droit, il ne ressemble plus au joyeux drille qui m'avait fait découvrir la glace au safran en me racontant son université américaine et ses difficultés à choisir entre plusieurs fiancées. Prenant prétexte d'un message au président de l'Assemblée que nous allons interviewer, il me fait monter dans sa vieille Fiat ornée du portrait de Khomeyni et d'un Coran miniature qui pend au rétroviseur, me demande d'enfiler le tchador noir qu'il conserve curieusement dans sa boîte à gants, et me raconte sa reconversion, facilitée par ses liens familiaux : il a opportunément épousé la nièce d'un mollah en vue. Il m'apprend beaucoup sur les luttes internes de ce clergé chiite sans hiérarchie apparente. Il me conseille d'approcher un ayatollah qui, de sa mosquée, voisine de l'université, prêche en termes voilés la méfiance envers Khomeyni. Il me confirme à son tour l'enjeu politique que constitue le sort d'Hoveyda, et me conseille de demander à chaque hiérarque dont dépendent les autorisations de tournage, la permission de le rencontrer.

Je n'y crois guère. Pourquoi ne pas essayer ? J'ai appris que, dans ce métier, on bute souvent sur des détails, mais on obtient parfois l'impossible.

« Nous voudrions interviewer Amir Hoveyda. »

Enturbanné de blanc, engoncé dans son caftan noir, le visage comme un Greco raté, sinistre, l'ayatollah Khalkali fait office de ministre de la Justice. Fouquier-Tinville du régime, cruel et haineux, il tient, dit-on, à interroger personnellement les prisonniers de marque et à infliger à leurs familles toutes sortes d'humiliations. Sans lever le nez des textes qu'il feint de lire, il attend plusieurs minutes avant de nous répondre. L'interprète, fourni par le ministère de l'Information, se dandine sur son siège.

« Hoveyda sera jugé comme toutes les créatures de Dieu, quels que soient ses crimes. Il aura droit à un procès. Vous en doutez, en France ? »

Brusquement, son regard glauque nous fixe.

« Raison de plus pour le démontrer à l'opinion internationale ! »

L'argument se perd dans le silence qu'interrompt le bruit des mouches. L'ayatollah a repris sa lecture. Il ne nous adressera plus la parole. Son secrétaire nous congédie d'un mouvement de tête.

« Interviewer Hoveyda ? Vous n'y pensez pas ! »

Sadegh Ghotbzadeh a perdu de sa superbe. Manifestement embarrassé par les vastes manches d'une tenue qu'il n'a pas encore beaucoup portée, le ministre de l'Information ne ressemble plus au pétillant révolutionnaire qui charmait naguère intellectuels et journalistes français au quartier Latin. Dans son bureau, tous les signes d'opulence à l'occidentale, qu'il ne dédaignait pas à l'époque, ont été supprimés. Deux écrans de télévision déroulent la même image monotone d'une jeune fille soigneusement voilée qui lit le Coran.

Ghotbzadeh a réagi avec gêne aux accolades de Revérier et au lot de journaux français qu'il lui apportait. Un factotum à l'œil torve surveille la scène. Même en français, la complicité n'est plus de mise, et la désillusion perce déjà.

L'exécution

« Vous devez comprendre que nos difficultés sont celles d'un régime qui s'installe. Forcément, il y a des excès ; je suis désolé que vous en ayez subi les conséquences. Vous aider ? Bien sûr. Que voulez-vous filmer : nos écoles coraniques, nos jeunes pionnières de l'islam, nos crèches modèles, nos volontaires des quartiers ? »

L'ironie affleure, le regard s'assombrit. Dans un murmure, il nous confie :

« Pour Hoveyda, vous avez raison. Mais je ne peux rien pour vous. »

Quelques mois plus tard, Sadegh Ghotbzadeh sera lui-même exécuté pour avoir tenu tête aux mollahs et demandé, au nom d'Allah, la libération des otages américains.

Cet après-midi-là, nous avons rendez-vous chez Bani Sadr. Dans le salon sombre, une jeune femme muette et voilée nous a servi le thé et les pistaches. Après les formules d'usage, notre hôte ne dit rien. Il arrange interminablement les plis de sa robe. Nous lui expliquons l'esprit et l'objet de notre démarche, l'entretien que nous voudrions enregistrer avec lui, l'incompréhension grandissante de l'opinion française envers le régime. Il se lisse tantôt la barbiche, tantôt la moustache. Découragée, je n'ose aborder la question de la rencontre avec l'ancien Premier ministre. Assis en rectangle, loin les uns des autres, dans de lourds fauteuils cramoisis, nous sommes gagnés à notre tour par la pesanteur ambiante. D'une voix douce, dans son français hésitant, Bani Sadr, qui n'est pas encore président, rompt enfin le silence :

« On me dit que vous voulez rencontrer aussi Hoveyda. Je suis d'accord. »

Devant nos mines interloquées, il sourit :

« J'ai donné mes instructions. Vous êtes attendus demain matin à 7 heures à la prison d'Erevan. »

Pourrons-nous le voir seul ?

« Oui. »

Nous aurons besoin d'un papier, d'une autorisation officielle ?

« Pas besoin. Mes gens seront là et vous escorteront. »

Dès l'aube, nous arrivons à la prison. L'expérience nous a appris que la fouille du matériel prenait facilement deux heures. Nous n'avons pas beaucoup dormi. À la première porte, nous croisons deux autobus, l'un rempli de femmes, l'autre d'hommes. Ce sont de nouveaux prisonniers. Certains se cachent la tête dans leur veste, d'autres nous dévisagent comme s'ils appelaient au secours. Alentour, les gardes sont immobiles. Des gonds crissent ; en même temps que les cars, on fait entrer notre camionnette dans un premier sas. L'odeur se fait âcre. Je vomis contre la portière. J'ai peur. Luyat me tend sa pochette parfumée et me laisse tranquille. Les tractations ont commencé. Les hommes de Bani Sadr sont bien là, mais ils ne parlent que farsi et les préposés ne veulent rien entendre. Ils entreprennent de démonter pièce par pièce les projecteurs et les boîtes de film. Le ton monte. On veut nous séparer : la femme d'un côté, les hommes de l'autre. Vêtu à l'occidentale, un responsable apparaît, qui parle quelques mots d'anglais. Il a été prévenu. Sans plus de précautions, on nous fait entrer en voiture et on nous mène jusqu'à l'ancienne infirmerie. On entend au loin, assourdis, les bruits de la ville. Tout est étrangement calme.

Dans le couloir, nous parlementons avec le sous-directeur. Nous avons évidemment évité d'emmener notre interprète. Il s'en désole. Comment allons-nous communiquer avec le prisonnier ? En français. Mais lui-même ne comprend pas le français. Tant mieux : pas question qu'il assiste à l'entretien. Pourquoi ? Parce que nous en avons l'autorisation, que la caméra a besoin de recul, que l'image doit être sans ombres portées, que la cellule est sûrement trop petite... Tous les arguments sont bons, à commencer par les conventions de Genève, mais je ne le sens pas perméable aux questions de principe. Bani Sadr est son grand homme, nous avons son autorisation, c'est l'essentiel ; l'homme pourtant est inquiet. Il nous presse. Dépêchons-nous ! Avec brusquerie, il ouvre la porte de la cellule.

Sur Hoveyda le temps n'a plus prise. À peine les hommes. Son regard est pâle.

« Comment est Paris ? »

L'urbanité a repris le dessus.

« Monsieur, c'est l'occasion ou jamais, vous devez nous dire ce que vous répondrez à vos juges. »

Une étincelle d'espoir :

« Vous pensez que j'aurai mon procès ?

— C'est ce qu'on nous dit en haut lieu ; certains, en tout cas, le souhaitent, et ils sont en train de l'emporter. »

Pas de noms. Il n'en demande pas.

« Dieu vous entend ! Merci pour cette nouvelle. »

Ma gorge se noue, je force ma voix, il faut faire vite. Tant bien que mal, Luyat installe caméra et projecteur.

« Comment allez-vous, comment va votre santé ?

— Comme elle peut. Allons à l'essentiel avant qu'ils ne changent d'avis... »

Luyat commence à tourner. Je tiens le projecteur à la main. La cellule nous contient à peine.

Sans détours, à l'américaine, comme on m'a appris à le faire, je concentre mes questions sur les accusations que le nouveau régime assène aux responsables de l'ancien : les exactions de la police secrète, la corruption, l'enrichissement...

Hoveyda répond simplement, répétant plusieurs fois ses arguments comme pour mieux les roder. Entre deux prises – à l'époque, on tournait encore en film –, il me demande de répéter une question. Dans le couloir, le sous-directeur s'impatiente : « *Finish, finish !* » La tension et la chaleur sont insupportables. Le teint d'Hoveyda devient cireux. Il croise les doigts, dessinant ainsi en langage franc-maçon le signe d'extrême détresse. Ignorante de ces symboles, je ne m'en rends pas compte. On me l'expliquera plus tard, entre autres reproches.

Une dernière question : « Que peut-on faire pour vous ? qu'attendez-vous maintenant de vos amis ? »

Pas le temps d'enregistrer la réponse : on a arraché le câble du projecteur dans le couloir. Nous nous levons de la couchette. Bouleversée, je ne sais plus quoi dire.

« Merci. Pardon. À bientôt. Nous allons vous aider, vous verrez, on va diffuser l'interview très vite... »

Il sourit encore, poli, désespéré :

« Merci à vous. Vous ne pouvez savoir combien votre visite a compté pour moi. Comme une bouffée d'air de France... »

La porte se referme. Le sous-directeur ne tire même pas le verrou. Il panique. À toute allure, nous nous engouffrons dans la voiture, franchissons les différents portails, et, au bout de quelques minutes, assommés, hagards, nous revoici dans la circulation et les bruits de la ville. Ils paraissent tout à coup rassurants.

Rentrés à l'hôtel, nous nous concertons à demi-mot. Par prudence et efficacité, nous décidons que je rentrerai au plus vite à Paris, sous un prétexte quelconque, avec les bobines déjà tournées, et que l'équipe restera pour filmer les séquences qui nous manquent encore. Coïncidence, le soir même, nous dînons à l'ambassade de France. Connaissant sa réputation de discrétion, je décide de raconter à l'ambassadeur l'entretien et ses péripéties. Avec simplicité et sympathie, il nous offre un de ses meilleurs bordeaux – dont je ne parviendrai pas à boire une goutte – et me conseille en effet de regagner Paris. Derrière ses propos, je comprends que les quelques délégations françaises qui, au fil des mois, se sont préoccupées du sort d'Hoveyda et ont tenté de le visiter, n'ont abouti à rien et que l'effort de ses avocats étrangers se relâche.

Deux jours plus tard, à l'aéroport, au départ du premier vol d'Air France, les boîtes de films disséminées dans ma valise échappent par chance à la fouille. Les policiers sont trop occupés à brutaliser les familles qui se séparent, dans les cris et les larmes, ceux qui restent et ceux qui détiennent le bon passeport ou le bon visa.

Épuisée, préoccupée par le sort de l'équipe qui doit encore y travailler quelques jours, je quitte Téhéran, étreinte par ce mélange d'appréhension et d'excitation qui donne au métier son ivresse.

L'atterrissage sera brutal.

D'une cabine, à Orly, le cœur battant, j'appelle le directeur de l'information de *FR3* :

« J'ai l'interview d'Hoveyda. On ne peut pas la diffuser tout de suite, car l'équipe est encore là-bas. Mais ils rentrent dans cinq jours... »

Silence au bout du fil.

« Vous m'entendez ? On a l'interview d'Hoveyda !

— Ah bon... on verra ça la semaine prochaine.

— Comment, on verra ça ? C'est tout ce que vous en dites ?

— Écoutez, je suis en réunion. À bientôt. »

Rageuse, blessée, j'impute cette réaction aux mesquineries que la poursuite effrénée d'un pouvoir limité et éphémère suscite chez certains, surtout quand ils sont aussi journalistes et qu'ils n'apprécient que leurs propres scoops.

La programmation du documentaire iranien étant prévue pour dans trois semaines, je me plonge nuit et jour dans les affres et les joies du montage. L'équipe revient sans encombres, avec quelques séquences de plus sur la vie quotidienne à

Téhéran. Je presse les autorités de la chaîne de visionner l'interview d'Hoveyda, que nous avons montée, sans coupes, afin qu'elles puissent en juger de façon plus sereine que nous ne pouvons le faire, et, jour après jour, je demande quand on la diffuse.

En vain. Apparemment, le document n'intéresse personne. Les jours passent et nous rapprochent du vendredi prévu pour la diffusion du magazine.

« On utilisera l'interview la veille pour annoncer le reportage du lendemain.

– Mais c'est idiot ! C'est dans dix jours encore, l'interview est un document en soi, la situation là-bas est trop changeante et trop dangereuse pour le prisonnier... »

Rien n'y fait. Après un rapide visionnage par le rédacteur en chef du journal, qui n'y trouve rien à redire, l'interview d'Hoveyda est diffusée, sans présentation ni explications particulières, tout juste trois semaines après notre passage à la prison d'Erevan. Trois semaines pendant lesquelles les rapports de forces à Téhéran ont basculé en faveur des ayatollahs les plus durs, à commencer par le ministre de l'Intérieur, tandis que Bani Sadr et les siens ont été mis provisoirement sur la touche.

Traîné sans qu'on le sache devant un tri-bunal mi-religieux mi-populaire, Hoveyda est exécuté le 9 avril 1979.

Par une sinistre coïncidence, c'est le len-demain de la diffusion de notre reportage. Dans ses errements, la révolution ira-nienne ne dépendait pas des décisions de programmation de la troisième chaîne de télévision française...

« L'assistante du bourreau » : le titre du *Figaro* ne prête à aucune interprétation. J'ai tué Hoveyda !

Abasourdie, bouleversée par la nouvelle, je vais découvrir la haine. Et la puissance, à Paris, de toutes sortes de réseaux qui, au mépris des faits, de l'honneur, et au mieux de leurs intérêts, décident des mises à mort comme des modes de pensée. Tirez sur la petite journaliste, elle est inconnue et sans grade ! Plus l'indignation sera publique et bruyante, moins on posera de questions sur l'efficacité ou la réalité des efforts des dîneurs en ville, des comploteurs de salon, des entremetteurs de haut vol qui savent si bien, sous tous les régimes, monnayer leur entregent ! Comment exposer les circons-tances, le calendrier, la folie de la révolu-tion, comment faire valoir ma bonne foi, sauver ma réputation, expliquer, raconter ? Ces gens-là n'écoutent pas. Ils condamnent. Ils aboient.

Autant je comprends l'émotion réelle des personnes choquées par notre document télévisé et la concomitance de sa diffusion avec la mort d'Hoveyda, autant je me refuse au sacrifice expiatoire qu'exigent la clique et la claque parisiennes. Ce refus-là, cette colère-là, la méfiance envers ces gens-là m'habiteront toute la vie. Je les ai sentis de trop près. Ils incarnent une société d'imposture.

Grâce à quelques proches amis qui me croient, j'entreprends de me battre. Le président de *FR3*, Claude Contamine, me soutient, contre l'avis de certains de ses collaborateurs. Alex Grall, le délicieux et fidèle patron de Fayard, m'invite aussitôt à déjeuner avec Françoise Giroud. Grande figure du journalisme français, elle est à l'époque ministre de la Culture dans le gouvernement de Raymond Barre. Je ne la connais pas. Mes années américaines m'ont jusque-là tenue éloignée du magistère qu'elle exerce sur la profession. Les circonstances ont raison de ma timidité. Généreuse, elle m'envoie à Georges Kiejman, avocat de grand renom, qui accepte de plaider les procès en diffamation que j'intente, et elle prend la plume pour me défendre. La polémique grossit. L'Élysée s'en émeut. Surprise, je rencontre à sa demande le porte-parole du Président. « VGE », m'assure-t-il, connaît les circonstances exactes du faux procès et de l'exécution, et sait bien sûr que ma bonne foi est entière.

Le message présidentiel fait son chemin. Je découvre ainsi sous un jour bénéfique cette particularité du journalisme français : le pouvoir, qu'on le veuille ou non, n'en est jamais très loin. Entre-temps, nos images font le tour du monde. À l'étranger, l'interview ne suscite qu'intérêt et compassion. Mais Hoveyda est mort, et le document ne sert plus à rien. Un temps, n'y voyant que publicité professionnelle, sans en saisir la part d'opprobre et de douleur, les membres de mon équipe m'en voudront d'avoir été seule happée par la tourmente...

Je comprendrai plus tard quels ont été, dans cette affaire, les bons et les mauvais génies, les manipulateurs et les honnêtes gens unis à Hoveyda par une fraternité estimable. Invitée plusieurs fois dans des loges maçonniques à m'exprimer sur l'exercice de mon métier et les circonstances particulières de cet entretien, j'y rencontrerai, la plupart du temps, ouverture et sympathie.

Mais je sais aussi qu'à mon encontre, bien des antipathies de principe ou des signes d'hostilité, d'ordinaire inexplicables, trouvent là leurs racines.

Je gagnai les quelques procès que j'avais dû engager, non sans retenir du tribunal quelques leçons de choses sur l'incompréhension réciproque et nécessaire entre le juge et le journaliste. Avec gratitude, je comptai mes amis, en découvris d'autres avec émerveillement, et ne devais plus jamais cesser d'être surprise par le nombre d'ennemis et de jaloux que l'exercice honnête, sinon serein, du métier attire sur votre chemin. Ainsi ai-je perdu mon innocence, non mes certitudes.

Plusieurs mois plus tard, de passage à New York où vivait Fereydoun Hoveyda, frère du Premier ministre exécuté, j'entrepris de lui écrire et de lui déposer ma lettre. Je ne recevrai jamais de réponse. Ce sera mon plus profond regret. Et le remords me hante encore, à ce jour, de n'avoir pu utiliser à temps la force de l'image et du verbe pour tenter de sauver l'homme à l'orchidée qui, si courtoisement, une dernière fois, m'avait reçue dans son royaume.

La mémoire du cœur

Il faut toujours chercher à rendre la parole à ceux qui en sont privés. En toutes circonstances. C'est la seule arme contre l'oppression, et elle peut se révéler terriblement puissante. Partout où mon métier m'a menée, des prisons aux ghettos, des camps aux maquis, des palais du pouvoir aux bas-fonds des misères, j'ai pu le vérifier et le ressentir : rendre ou donner la parole, cela reste le plus bel attribut du journalisme, sa seule justification vraie.

II

« Do you want to be a star ? »

« Hey, baby, do you want to be a star ? »
Même au milieu de la nuit, les inflexions légèrement nasillardes et charmeuses ne trompent pas. J'ai bien mon patron au bout du fil. Normal, à New York il est 7 heures du soir. Dans ce sens-là, il n'a jamais rien compris au décalage horaire.

« Don, bien sûr, mais il est 1 heure du matin, tu sais qu'on vient de rentrer de Sibérie et...

— *Don't you want to be a star ?* Écoute, c'est la chance de ta vie, je viens d'avoir une idée, prends le premier avion, arrive ! »

Quand Don a une idée, rien ni personne ne lui résiste. Même pas le président des

États-Unis. Il faut dire que ses idées sont souvent bonnes.

À trente ans, Don Hewitt a bouleversé la démocratie américaine – et d'autres à la suite – en inventant le « duel télévisé » de l'élection présidentielle. Réalisateur et homme-orchestre du débat Nixon-Kennedy qui, en 1960, décida d'un résultat particulièrement serré, Hewitt avait recommandé à Kennedy de porter une chemise blanche et à Nixon de ne pas prendre d'aspirine, malgré sa fièvre, pour éviter de transpirer. Le premier l'écouta, pas l'autre. C'est ainsi qu'à la télévision on écrit l'Histoire.

En 1968, dans le scepticisme général, Hewitt eut l'idée de créer sur *CBS* un magazine d'information en plusieurs séquences, personnalisées par des journalistes au style et à l'approche différents. On le relégua dans une case de la grille dont personne ne voulait, le dimanche soir à 19 heures. Vingt-neuf ans plus tard, *Sixty Minutes* reste le magazine le plus suivi de la télévision américaine. Don et ses acolytes sont devenus les dieux vivants du journalisme électronique et leurs contrats les garantissent à prix d'or jusqu'à leurs quatre-vingts ans. Don est puissant, riche, il vit aux bonnes adresses, à New York et dans les Hamptons, fréquente la *jet-set*, achète des meubles anciens, traite d'égal à égal tous les puissants d'Amérique et fume de meilleurs cigares qu'auparavant, mais il n'a rien perdu de sa gouaille de Juif new-yorkais, de son indépendance d'esprit et de son appétit féroce pour ce qui fait *a good story*, un bon sujet.

« Elle est sympa, elle passe bien, mais pourquoi diable emploie-t-elle tant de mots à trois syllabes ? »

Les techniciens ont oublié de couper le son entre la régie et le plateau. Je savais déjà que, dans les équipes, je passais pour une intello à l'accent exotique, mais, cette fois-ci, à entendre le ton du président de *CBS News*, je comprends que j'ai peu de chances de devenir une star. Pour incarner la nouvelle idée géniale de Hewitt, un magazine copié sur *Sixty Minutes*, mais qui ne comporterait que des portraits et du *people*, je suis en concurrence avec une ancienne reine de beauté du Texas qui présentera brièvement la météo, une jeune actrice montante qui manifestement a un peu trop sniffé dans les toilettes avant l'enregistrement, et l'une des commères les plus vipérines de Washington, qui a déjà publié deux best-sellers. Stoïque comme à son habitude, Dan Rather, qui n'a pas encore pris l'impossible succession de Walter Cronkite au Journal du soir, nous donne la réplique. Une ligne du genre : « Comment avez-vous trouvé Robert Redford ? » Célèbre pour la qualité de son travail pendant la guerre du Viêt-nam et son agressivité aux conférences de presse du président Nixon, Dan fait partie des journalistes vedettes de *Sixty Minutes*. Il est bosseur et pas macho. On s'aime bien. Gentiment, il cherche à me mettre à l'aise. Rien n'y fait. Mon accent s'alourdit et je n'emploie que des mots compliqués ! En guise de lot de consolation, j'aurai la charge des portraits réalisés en Europe. La dame de Washington, fort drôle au demeurant, décrochera le job. L'émission tiendra six mois. Quand la sauce ne prend pas, Hewitt ne se montre pas têtu. Ce n'est déjà plus du tout son idée...

La vie à *Sixty Minutes* est mouvementée, suspendue aux pulsions du patron et de ses stars. Les moyens ne sont jamais en cause :

à l'époque, les grandes chaînes américaines sont riches et ne lésinent sur rien. Plus le magazine s'impose, plus les annonceurs se battent pour y attacher leur image, plus on va loin, longtemps, et plus on investit dans la qualité du reportage. Embauchée à mes débuts comme documentaliste et basée à Londres, je partais souvent deux ou trois semaines sur le terrain pour le défricher, valider et explorer le sujet, préparer contacts et interviews pour le réalisateur et surtout pour la star.

Ma star à moi était Mike Wallace. J'avais bien travaillé une fois ou deux pour son *alter ego* du moment, Harry Reasoner, mais je l'avais conduit si vite, dans ma petite Austin, jusqu'à la demeure du duc de Windsor, en région parisienne, qu'il ne s'en était pas remis et avait de ce fait, paraît-il, raté l'interview. Je ne lui avais donc plus été affectée.

Mike était – est encore – le plus acharné, le plus teigneux, le plus mesquin, le plus malin, le plus énergique, le plus égoïste et le plus charmeur de tous ceux qui m'ont appris le métier. C'est dire mon admiration et, en dépit de tout ce qu'il m'a infligé, mon affection pour lui. De Hafez el Assad au patron du KGB, du Shah d'Iran à Fellini, d'un colonel grec à un roi du pétrole, d'un magnat de l'industrie à une star du show-biz, jamais je ne l'ai vu désarçonné. Ou plu-tôt si : une seule fois, à Athènes, quand il n'avait plus de lotion capillaire pour se noircir les tempes, et que je n'arrivais pas à lui en trouver. « *Hazel Witch* », je m'en sou-viens encore !

Dans l'exercice où il était passé maître, l'interview, les femmes le décontenan-çaient davantage que les hommes, mais il n'avait pas son pareil, quand il sentait le mensonge ou l'entourloupe, pour prendre appui et ne plus lâcher prise, arrondissant l'œil, haussant le sourcil, changeant de registre comme un cavalier change de pied, sans jamais perdre de vue l'objectif : la phrase, le paragraphe qui, une fois coupé et monté, donnera son sens à l'histoire. Je l'ai observé, sous toutes les latitudes, tra-vailler ses notes, griffonner une formule, une idée de commentaire dans les moments les plus saugrenus, accepter, patient, les contraintes de la technique et du sort, respecter le travail de chacun, qu'il savait concourir à son propre succès, cajo-ler et gronder, imposant aux autres, par calcul autant que par indifférence, une dis-tance que peu parvenaient à franchir. Non qu'il dédaignât les embarras de la célébrité, les exclamations des passants ou des touristes, les autographes et toutes les manifestations de familiarité à sens unique qu'engendre la télévision. Mais il les gérait avec bonhomie, sans manifester la moindre accoutumance. Il savait rester, avant tout, journaliste.

De lui, j'ai appris l'endurance, la méticulosité, l'importance de ce qui ne se voit pas et se prépare en amont ; sans doute aussi, à mes dépens, cette forme d'égoïsme qui permet de se concentrer sur l'essentiel, quitte à ne pas être compris dans l'exécution des détails. J'ai constaté la solitude, avivée par tous les gestes et grimaces qu'impose la notoriété. J'ai compris le coût, les sacrifices, parfois aussi les ravages qu'occasionne, pour les sentiments, les amours, cet acharnement à rester au faîte de son artisanat et de sa forme de gloire. Au rythme de ses voyages et de ses obsessions professionnelles, Mike s'efforçait de préserver tant bien que mal une vie de famille. Il ne buvait plus, contrairement à beaucoup de confrères, et s'astreignait à une hygiène de fer. Sa discipline lui vaut aujourd'hui, à soixante-dix-huit ans passés, de continuer à officier, mordant, droit comme un *i*, la lotion de « *Hazel Witch* » continuant d'opérer ses miracles.

L'alcool faisait partie de la légende, des accessoires et des naufrages du métier. À *CBS* où flottaient encore les grandes ombres d'Ed Murrow et de Fred Friendly, pionniers du journalisme de télévision, le *booze* était chose admise. Le whisky et l'imperméable mastic sanglé à la ceinture faisaient partie intégrante de la virilité journalistique, importée de la presse écrite, du temps des Remington, des visières vertes, des bracelets pour maintenir les manches de chemise, folklore révolu d'une profession encore prolétaire, où seuls les patrons sortaient des universités. La télévision allait, parmi les journalistes, fabriquer ses stars et les payer à prix d'or, créant une aristocratie télégénique astreinte sans relâche, dans un système de concurrence acharnée, à prouver sa compétence. Pour adoucir les tensions, la bouteille désormais ne s'affiche plus. Dans les régies ou les salles de montage, elle est volontiers remplacée par la cocaïne.

Pour un Wallace, que d'épaves dans ce métier, de la base au sommet ! Il y a des gens qui ne peuvent pas tenir la célébrité, comme d'autres ne tiennent pas l'alcool. Ils ne peuvent plus s'en passer. Ils s'abandonnent à ses vapeurs, à ses tentations, à ses formes diverses de prévarication, de la familiarité feinte et souvent calculée des puissants à la rémunération matérielle ou financière de leur amitié.

À *CBS News*, après quelques scandales retentissants, la déontologie n'était pas un mot creux pour débat entre faux experts. Tout employé recevait et signait un texte qui, de façon simple, énonçait quelques règles de comportement journalistique. Interdiction était faite, par exemple, de monter sur une image un son qui n'était pas d'origine. Avec le temps, le mélange des genres et l'invasion de l'*infotainment* (l'information-spectacle), les règles ont dû changer, et pas pour le mieux !

Aux États-Unis, dès ses débuts, le journalisme de télévision était un métier à part entière, tout à fait respectable, qui suscitait du côté de la presse écrite quelques sarcasmes du fait de sa puissance et de ses hauts salaires, mais il n'y avait pas de péché originel, ni symbiose ni dépendance vis-à-vis du pouvoir politique, façon ORTF. Les comportements étaient et sont encore d'abord professionnels ; les jugements sur les gens, les promotions ou les limogeages tiennent principalement à la qualité du travail, assez peu à la gestion affective, émotionnelle, clientéliste et parfois pathologique, toujours mâtinée de politique, qui, en France, a longtemps caractérisé la gestion des chaînes, même privées.

Au sein de *Sixty Minutes*, dans l'enthousiasme et l'émulation des débuts, l'esprit de famille était très prononcé. Année après année, les mêmes patrons, les mêmes *producers* – à la fois réalisateurs et journalistes –, les mêmes assistants, les mêmes secrétaires et longtemps les mêmes vedettes ont été associés dans une aventure commune, cimentée par le succès. Il y avait bien des clans, des clientèles, des jalousies, des haines parfois, mais la continuité des équipes et la fierté d'en être colmataient les brèches. De retour en France, de médium en médium, surtout à la télévision, j'ai souvent cherché à retrouver ces élixirs-là.

Le bureau de Londres, traditionnellement considéré par les médias américains comme le seul endroit civilisé hors des États-Unis, vivait à distance des fièvres new-yorkaises qui nous parvenaient par bouffées et que je rêvais de partager davantage. J'avais pour patron direct un homme insupportable et talentueux, maniaque, jaloux mais en définitive fort brave, qui, de façon notoire, poussait ses collaborateurs, en tous endroits de la planète et en toutes circonstances, à la crise de nerfs. Que de cameramen boudant, les bras croisés, dans l'attente que McClure, pour la trentième fois, bouge de quelques centimètres le fauteuil de l'interviewé avant la prise ! Que de monteurs excédés qui disparaissaient pendant deux jours, histoire de se calmer ! Que de disputes, de scènes embarrassantes en face de gens qu'il fallait convaincre, et surtout dans les halls d'aéroport au moment d'embarquer ! D'hôtel en hôtel, que de notes glissées sous la porte en pleine nuit pour se plaindre, distiller quelques méchancetés et bouleverser une fois de plus le programme du lendemain ! Aujourd'hui encore, dans les chambres d'escale, je ne puis m'empêcher de guetter les messages avec appréhension : si McClure était passé par là !

À l'arrivée, le résultat était souvent très bon et on repartait pour d'autres reportages. La camaraderie de tournage nous était à la fois naturelle et nécessaire. Nous reformions souvent la même troupe avec Mike ou Norman à la caméra, Joe-le-Cockney au son, Steven au montage. Nous nous connaissions par cœur, anticipions assez bien nos réactions, savions nous éviter quand la promiscuité devenait trop pesante, et, même si les expéditions semblaient parfois longues, il régnait entre nous une réelle amitié.

Cette amitié-là, de terrain et non de salon, ne m'a jamais fait défaut. Je l'ai retrouvée à chaque fois, vivace et salutaire, et surtout bien des années plus tard, quand, lassée des artifices et de la pression du « 20 heures », je repris, avec Guy Saguez, Hervé Chabalier et mes amis de l'agence CAPA, le reportage, la route et mes carnets...

À *Sixty Minutes*, tant bien que mal, je m'accrochais. Je venais de loin : de l'autre bout de la Manche, plus précisément de la rue Saint-Guillaume, à Paris. À Sciences-Po où j'avais passé trois ans de bonheur, on m'avait appris l'exposé en deux parties et trois sous-parties. En anglais, bizarrement, l'exercice était moins concluant. Mon tout premier patron – qui me mit vraiment le pied à l'étrier avec un contrat de trois semaines au bureau de *NBC News* à Paris pour préparer un documentaire sur le Rideau de Fer – avait tout bonnement éclaté de rire quand je lui avais remis mon

texte. C'était sans doute le meilleur service
à rendre à une diplômée de Sciences-Po
qui attendait le début de l'année universi-
taire américaine pour poursuivre son doc-
torat à Harvard grâce à une bourse chère-
ment conquise. J'appris ainsi à désap-
prendre. Je découvris dans une autre
langue et une autre culture les frissons et
les odeurs du journalisme, le concret,
l'aventure des rencontres, le sens des situations, l'effort de synthèse particulier, par le
verbe et par l'image, qu'exige le reportage
de télévision.

En Mai 68, sur les barricades, je ne lançai pas de pavés, j'appris à filmer. C'est
ainsi que j'échappai une fois pour toutes
aux tentations et dérives idéologiques de
ma génération. Je n'étais pas acteur, mais
témoin. J'observais, je tentais de
comprendre et je racontais. Quand on est
pris par ce virus-là, on est prémuni contre
toute autre contagion, tout risque d'aveu-
glement politique. On rend compte, simplement. J'étais passée de l'autre côté ; j'y
suis restée.

Sans doute ai-je ainsi ignoré de beaux
embrasements, méconnu certaines frater-
nités fiévreuses, négligé ces clans et ces tribus qui de pétitions en manifestations, de

tribunes en journaux, s'entredéchirent et se reconstituent. J'ai aussi évité quelques erreurs et même des naïvetés.

Bien sûr, en ces années-là, il y avait le Viêt-nam. Pour les médias américains surtout, la guerre était le terrain où se conquéraient réputations et galons. « Le journalisme n'est pas un métier pour jeune fille de bonne famille ! » m'avait méchamment lancé le patron du bureau parisien de *Newsweek* quand je cherchais un stage. Manquant de présence d'esprit, je ne m'étais pas enquise de la qualité de la sienne. « Partez donc à Saigon, si vous avez quelque chose dans le ventre ! » Je n'ai pu le lui démontrer : je n'ai jamais réussi à partir pour le Viêt-nam. Les organes de presse hésitaient à y envoyer des débutants, *a fortiori* des femmes, lesquelles étaient encore peu nombreuses dans la profession.

Nous étions en plein mouvement de libération féministe mais, franchement et sûrement à tort, je me sentais peu concernée. Ayant été élevée dans un égalitarisme absolu, sans frère ni cousin proche, je n'imaginais pas que mon sexe pût faire obstacle à mes ambitions. Longtemps, cet ostracisme originel me parut théorique, tant j'étais occupée à découvrir ce qui

m'apparaissait comme possible : le journalisme de télévision. Certes, parmi les
vedettes de *Sixty Minutes*, il n'y avait alors
aucune femme – aucun Noir non plus. Derrière la caméra, il existait à New York et à
Washington quelques femmes *producers*,
qui commençaient à se plaindre à haute
voix de n'avoir à couvrir que les sujets *soft* –
ni les vraies enquêtes ni la guerre. Pour moi
qui venais périodiquement à New York
soumettre le prémontage de ce que nous
tournions dans le reste du monde, ces querelles n'étaient pas de mise. Avec mon drôle
d'accent et mes mots compliqués, j'étais
extérieure aux enjeux de pouvoir, en
dehors aussi des démonstrations sexistes
qui amusaient périodiquement ces messieurs. Trop exotique et rarement sous la
main ! Quelle chance !
    J'échappai plutôt aux humiliations ordi-
naires qui, selon la loi américaine d'aujourd'hui, auraient entraîné, à l'encontre
des uns et des autres, des condamnations
pour harcèlement sexuel... Ah, les soutien-
gorges dont on fait claquer l'élastique dans
le dos, les claques sur la croupe, les plaisanteries salaces dans les couloirs et les
ascenseurs ! La victime la plus en vue était
une ravissante et brillante journaliste qui,

après avoir fait ses preuves derrière la caméra, voulait changer de rôle. On nous avait présentées l'une à l'autre comme on aurait organisé un combat de coqs – ou, en l'occurrence, de poules. C'est ainsi que Margaret est devenue mon amie la plus proche et que nous avons depuis lors fait équipe, de près ou de loin, dans toutes les circonstances de nos vies. Elle dut quitter *Sixty Minutes* pour une autre chaîne où elle put assouvir une ambition légitime. L'évolution des mœurs, la pression féministe et la mode ont été telles qu'aux États-Unis le bastion de l'information télévisée, journaux et magazines confondus, s'est désormais ouvert aux femmes comme aux Noirs. *Sixty Minutes* compte parmi ses stars une journaliste et nombre de femmes *producers*. Pour une fois, la France, sur ce plan, avait été en avance. Quand on rappelle ces vieilles histoires à Mike, à Don, au reste de la bande – ils sont toujours là, affairés et fidèles au poste –, ils ouvrent de grands yeux innocents : « Comment, nous, des garçons si gentils ? »

Quand je les revois aujourd'hui, à New York ou à Paris, affectueux et protecteurs, avec leurs mêmes plaisanteries et leurs questions faussement naïves sur l'état des médias dans notre partie du monde, je retrouve, malgré ses scories, le goût et la nostalgie de mon rêve américain.

J'aurais encore pas mal de chemin à faire avant de découvrir, dans certaines péripéties de ma vie professionnelle, les masques et les dégâts de la misogynie. Mais, grâce à Mike, à Don, à Bill et à tous les autres, j'avais appris une fois pour toutes que le métier que j'avais choisi était un métier légitime, qu'on pouvait inventer, développer à la télévision une forme nouvelle, exigeante et utile de journalisme. J'avais déjà vu de près les prouesses, les failles, les travers de ses troupes et de ses stars. J'étais armée, blindée. Enfin, presque...

III

Orientales

La voiture tourna plusieurs fois, très lentement, autour de l'immense mosquée. D'une échappée à l'autre, j'apercevais la Ka' ba, le bloc de pierre noire qui symbolise le tombeau du Prophète. Quelques centaines de pèlerins s'y pressaient, que l'on voyait affluer aux portes, musulmans de toutes races et de toutes origines qui se perdaient bientôt dans l'espace intérieur, petites silhouettes blanches d'adorants. Impie, dissimulée de la tête au pied dans un tchador rose du meilleur effet et curieusement assorti à la carrosserie de la Cadillac qui nous transportait, je savourais la scène, mesurant mon privilège, pensant aux rares aventuriers de mon espèce qui l'avaient partagé. La plaque de la cour nous protégeait en principe de la curiosité de la redoutable police religieuse qui nous avait salués aux postes d'entrée de la ville sainte.

Le cheikh souriait, il était amoureux : quel plus beau cadeau pouvait-il me faire ? Aucun, je le reconnus tandis qu'il m'expliquait de sa voix douce comme il était simple de se convertir à l'islam, qu'il suffisait de prononcer trois fois la même formule en s'aspergeant de l'eau sacrée de Qat, dont la source avait baigné Mahomet. Il me parla de sa grand-mère, poétesse connue de La Mecque, dont sa famille était originaire ; elle vivait dans une de ces hautes maisons de bois aux balcons dentelés qui disparaissaient pour laisser place au ciment de la plus laide modernité. Il me dit que la vie des femmes dans son pays était plus plaisante et plus libre qu'il n'y paraissait, que je m'en rendrais compte en rencontrant ses amies, que les femmes détenaient, là comme ailleurs, le vrai pouvoir et que, pour m'en convaincre, il allait me présenter à sa mère.

Redescendant de La Mecque vers Tā' if où la cour saoudienne, les riches et les puissants prennent leurs quartiers d'été, nous nous arrêtâmes sur le chantier de la grande demeure qu'il se faisait construire. Mon avis, soudain, importait sur tout : le plan, les matériaux, les couleurs. Le maître d'œuvre coréen, qui commandait des hordes d'ouvriers pakistanais, ne s'en émut guère, mais l'architecte italien ne savait manifestement que penser de cette Occidentale qui était entrée en tchador et ressortait en saharienne. J'essayai d'éviter le pire en recommandant de changer la couleur du carrelage de la piscine, mais décidai prudemment de m'en tenir là. Déjà, quelques semaines plus tôt, dans le Valais, j'avais empêché mon cheikh, sous l'œil furieux et désapprobateur des propriétaires, d'acheter un chalet sans vue, proposé à prix d'or. L'expédition dans la montagne suisse, bercée par des cassettes de musique arabe, m'avait convaincue de l'incommensurable fossé entre nos goûts et nos couleurs. Là, dans son pays, je résistai moins bien à sa persuasion.

« Comment un aussi joli oiseau n'est-il pas encore en cage ? »

Sa mère, formidable vieille dame à l'œil malicieux, ne prend pas de détours. Elle s'étonne, à mon âge, de mon célibat. Je tente d'expliquer que mon métier ne me laisse jamais en place, mais la longueur de la traduction, assurée par le fils, me donne à penser qu'il lui raconte l'histoire à sa façon.

Nous sommes assis dans un grand salon vert pistache et or, juchés sur d'énormes fauteuils cramoisis façon Louis XV. On aperçoit au loin la mer Rouge, avec ses cabanons sur pilotis qui permettent aux femmes de se baigner sans être vues. Une vieille sans dents s'affaire autour de nous ; elle me couve du regard, murmurant plusieurs fois les mêmes formules qui, paraît-il, sont autant de bénédictions. Il s'agit de son ancienne nourrice qui se désespère de voir que le cheikh ne se remarie pas. En quittant les lieux, malgré la chaleur qui d'un coup saisit à la gorge, je frissonne. Je me sens prise au piège.

« Tu es folle ! Tu ne te rends pas compte que c'est comme sortir avec un nazi pendant la guerre ! »

La violence des rares amis à qui je confie mon histoire me laisse pantoise. Il est vrai que nous sommes en pleine crise du pétrole et que je suis folle de mon beau

Saoudien, rencontré à Riyad au cours d'un reportage. Voilà des mois que, jonglant avec les prétextes professionnels, les contraintes de nos agendas et les horaires d'avions, je le suis partout où je peux. Première et dernière infraction au principe qu'impose, au-delà du simple bon sens, l'hygiène journalistique la plus élémentaire : ne pas mélanger les genres.

Le tournage en Arabie saoudite est acrobatique : pour des raisons différentes, nous devons l'un et l'autre sauvegarder les apparences. Nous y parvenons plutôt bien. L'équipe, me semble-t-il, ne voit rien. J'aurai droit plus tard, à New York, à quelques allusions appuyées, mais, sur le moment, *business as usual...* Le reportage enfin se termine, cette vie bizarre continue.

Je découvre l'hypocrisie d'une société dont les mœurs se craquellent sous le poids de l'argent, où le whisky coule à flots, où les cassettes porno s'échangent sous la robe, où les filles, dans l'avion, recouvrent leurs mini jupes de cuir du voile réglementaire ; je perçois la solidarité qui les unit, l'aliénation culturelle et sexuelle qui étouffe les hommes comme les femmes, l'espèce de schizophrénie qui les saisit quand, au retour de leur université américaine ou de leur appartement londonien, ils retrouvent le code moyenâgeux dont ils vantent par ailleurs les mérites.

En ces années-là, le vieux roi Faysal tient encore sa nombreuse famille et ses tribus d'une main de fer. Sa vie est ascétique. Le palais où il nous reçoit pour une de ses très rares interviews est dépourvu de tout artifice. Henry Kissinger est attendu dans les jours qui suivent et Fayçal a besoin d'envoyer un message positif à Washington. Exceptionnellement, le journal du soir de *CBS News* demande à l'équipe de *Sixty Minutes*, qui est sur place, d'assurer l'entretien. Pas de journaliste vedette pour poser les questions ? Qu'à cela ne tienne : Christine fera l'affaire.

Mais le protocole saoudien n'a pas prévu ce cas de figure : aucune femme ne saurait être admise devant le roi. À notre arrivée au palais, les gardes royaux aux dents d'or, issus d'une même tribu historiquement fidèle aux Saoud, m'empêchent d'entrer. On parlemente : « Il faut bien un journaliste pour interroger le souverain ! – Ce n'est pas un journaliste, c'est une femme ! – Il n'y en a pas d'autre ! – Et le jeune homme, là ? – C'est le cameraman, ce n'est pas son travail. » De guerre lasse, considérant que mon apparence, cheveux courts et pantalons, ne me confère nullement l'allure d'une femme, on me laisse pénétrer dans le bureau du roi.

Le lieu est ascétique, blanchi à la chaux. Au mur, une vieille photo sépia, dans un petit cadre de bois mal ajusté : celle d'Ibn Saoud, le père, le compagnon de Lawrence. Le souverain fait son entrée, maigre, majestueux. Son regard brun cerclé de bleu comme par l'approche de la mort me dédaigne, flottant haut devant lui.

D'une voix cassée, étrangement fluette, il prononcera, telle une incantation, en anglais puis en arabe, les quelques paroles auxquelles les économies occidentales sont alors suspendues. Henry Kissinger peut arriver, un tapis rouge déployé à son intention sur le sable, la garde royale exécutant au pied de l'avion un curieux *Stars & stripes*, et le monarque impassible, recevant comme l'émissaire d'une tribu soumise le représentant de la première puissance du monde.

Ayant beaucoup souffert, j'éprouve aujourd'hui envers Faysal une sorte de reconnaissance. Ayant eu vent de la passion européenne de l'un de ses cheikhs favoris, il lui interdit d'y donner suite. Après quelques explications tourmentées entre Le Caire, Beyrouth et Damas, l'homme se soumit à son suzerain.

Un mois plus tard, Faysal mourait. Je ne revis plus jamais le cheikh.

Longtemps je serai ramenée au Proche et au Moyen-Orient. L'actualité le commandait. Du pétrole au terrorisme, les grands médias américains étaient contraints de sortir de leur tropisme israélien et de s'intéresser au monde arabe. C'est ainsi qu'avec quelques préjugés et beaucoup d'appréhension, Mike Wallace, Juif de Boston, atterrit une première fois, à mon instigation, à Beyrouth. Le charme et l'hospitalité de mes amis libanais, leur cosmopolitisme, la douceur, l'opulence, la joie de vivre de la ville le rassurèrent. Le raffinement de l'hôtel Saint-Georges et les attentions de son concierge firent merveille.

Derrière cette façade, il y avait, en pleine fermentation, une autre réalité : les réfugiés palestiniens dans leur misère, les tensions entre les communautés, la contagion des malheurs périphériques. En plein « Septembre noir », au moment où les troupes de Hussein de Jordanie boutaient dehors les Palestiniens et tuaient les malades dans les lits des cliniques d'Achrafieh, un attentat sanglant avait eu lieu à Beyrouth, sur la Corniche. On diffusa le signalement des suspects, dont une Européenne blonde de haute taille. Séjournant seule dans mon hôtel favori et préparant le reportage en attendant l'équipe, je fus cueillie, un matin, dans le hall par des policiers en civil qui m'escortèrent jusqu'au directeur de la Sûreté.

Celui-ci était petit, moustachu, gominé, outrageusement poli. Dans un français raffiné, il manifesta une connaissance de mon agenda et de ma vie privée qui me rendirent à jamais méfiante envers les concierges et les téléphones d'hôtel, et il entreprit de me démontrer que j'étais bien la dame de l'attentat. J'avais loué une voiture dans la même agence, j'avais un passeport vert – belge, en l'occurrence –, j'étais européenne et blonde.

Il commençait à se montrer moins poli. La situation devenait désagréable. J'étais à court d'arguments. Mue par une inspiration subite, je me dressai et lui prouvai qu'avec mon mètre soixante, je ne pouvais être la femme de la situation. Le loueur de voitures, qui avait été très impressionné par une taille à la hauteur des fantasmes locaux, en convint. C'est bien la seule fois où je me félicitai de mes petites jambes. Galant, le directeur éclata de rire et, pour se faire pardonner, me donna à lire la fiche que ses services avaient mitonnée à mon sujet. Tout y était, ou beaucoup de choses, mais les détails les plus inconséquents travestissaient l'ensemble et le rendaient grotesque.

Ce que je découvris plus tard des notes des RG m'ancra dans la conviction qu'il vaut mieux se tenir à la plus grande distance possible des « services ». Quels qu'ils soient. Ils sont prompts à utiliser la vanité des journalistes, parfois leur sens du lucre, souvent leurs couvertures, pour promouvoir leurs intérêts. Il fut un temps où, pour déconsidérer un confrère ou embuer sa réputation, on se murmurait à l'oreille : « Untel ? Il est de la CIA... ou du KGB » Parfois c'était vrai. Aujourd'hui, les espions sont passés de mode, mais il reste dans la profession des paranoïaques, quelques infiltrés et beaucoup de comploteurs.

À Damas, j'eus vraiment peur. Nous avions entrepris une enquête difficile sur le sort des Juifs syriens. Mike voulait interviewer Hafez el-Assad, et, pour ce faire, j'avais noué des contacts relativement fiables avec certains membres de son entourage. Comme toujours, l'attente était longue et je m'échappais le plus souvent possible du sinistre hôtel Omeyyade, alors le seul ouvert aux étrangers, en compagnie du chauffeur de taxi dont j'avais loué les services. Hani était malin, sympathique, rondouillard, et m'avait laissée comprendre qu'il ne ferait que le minimum pour satisfaire la curiosité obligatoire des services de renseignements. Nous nous entendions bien. Il me fit découvrir Palmyre. Je dormis dans la petite auberge de la reine de Saba, avec sa trappe au plafond par où une aventurière française de haut vol, au temps des mandats, espionnait ses amants français et britanniques, puis rendait compte à chacune des puissances rivales, avant de tomber amoureuse d'un chef bédouin qu'elle suivit jusqu'à La Mecque. J'aimais l'ombre de cette femme-là, et Palmyre, avec ses chèvres qui broutaient les ruines et ses rares visiteurs russes.

Avec les précautions d'usage – toujours dérisoires par rapport aux dangers qu'encourent ceux-là qui restent après notre passage –, je m'étais liée d'amitié avec un jeune orfèvre juif qui m'introduisit dans la communauté. Il subsistait à Damas plus de Juifs que dans les autres pays arabes ; le régime, tout en les empêchant de partir, se targuait de les bien traiter. Dans leur quartier, près de la mosquée des Omeyyades, la vie s'écoulait dans la méfiance et une tranquillité toute d'apparences, parcimonieusement adoucie par l'aide internationale qui leur parvenait par à-coups. Avec l'aide du rabbin et du maître d'école, nous entreprîmes d'en rendre compte, n'omettant rien des signes de ségrégation et des entraves, mais soulignant aussi l'amélioration relative de la situation. Sachant la préoccupation de l'opinion internationale, surtout américaine, les autorités, après de difficiles tractations, nous avaient donné leur feu vert, et l'interview d'Assad, finalement octroyée, avait accéléré le processus.

Mike repartit pour New York, me laissant comme d'habitude la charge des entretiens secondaires. À son tour, l'équipe repartit pour Londres avec la pellicule tournée, me confiant une petite caméra et quelques boîtes de film que nous voulions confier à mon ami orfèvre, pour le cas où.

Nous étions convenus que je la lui déposerais sur le chemin de l'aéroport.

Très tôt, le matin du départ, Hani, l'air penaud, vient me prendre à l'hôtel. Je m'explique sa mine par la tristesse de perdre un bon client, et, passant devant l'un des nombreux immeubles banalisés de la Sûreté syrienne, je m'autorise même une plaisanterie sur les quelques tours que nous avons joués ensemble aux moustachus. Contrairement à son habitude, Hani ne dit rien et blêmit en fixant le rétroviseur. Tout à coup, une Lada bleue nous dépasse et nous contraint à l'arrêt. Sans ménagements, deux malabars m'embarquent. Comme dans un mauvais polar, crissements de pneus et klaxon bloqué, ils m'emmènent jusqu'à un bureau qui arbore sur sa porte une plaque d'import-export. On m'enferme dans une petite pièce sans fenêtre, meublée d'un bureau gris de style soviétique et d'une couchette militaire.

Le temps passe. Pas un bruit, pas un signe. Je commence à paniquer. Personne, à part Hani, ne sait que je suis là. McClure et les autres me croient à cette heure-là dans l'avion pour Paris. Il faudra deux jours avant qu'ils ne s'inquiètent de mon sort auprès de ma famille, habituée à mes changements de programme de dernière minute. Que faire ? Rien.

Enfin la porte s'ouvre. Entre un moustachu qui ne parle pas un traître mot d'anglais. Il se lance dans une vaine diatribe. Tout aussi inutilement, j'exige d'appeler mon ambassade. Il ressort et revient avec le sac de pellicules et la caméra qu'il jette sur la table en maugréant. Il repart. Deux heures s'écoulent. Sauraient-ils l'usage que nous voulions faire de ce matériel ? Enfin du bruit. Trois hommes entrent, dont mon geôlier. Dans un anglais hésitant, l'un d'eux m'explique que nous avons tourné illégalement dans des zones de haute sécurité, qu'ils confisquent le film et qu'ils me gardent en attendant les instructions. Je réitère ma demande d'aviser mon ambassade. Refus. Je demande de l'eau. Refus. Je demande à aller aux toilettes. Refus. Je cite pêle-mêle les noms de tous les dignitaires du régime que j'ai vus depuis trois semaines. Je fais état de l'interview présidentielle. Rien à faire. Je demande à pouvoir appeler l'interprète du président, un ancien dentiste qui m'avait raconté sa vie, qui faisait sans doute partie de la Sécurité et dont j'avais obtenu le numéro personnel. Pas de réaction. Les trois hommes sortent.

Je sens que je vais passer la nuit là. Et, pour le coup, j'ai peur.

On m'apporte un verre d'eau trouble et une assiette de riz. Pas terrible. Mais je peux enfin aller me laver les mains. Façon de parler : l'endroit est évidemment ignoble. Je ne ferme pas l'œil. Vers 5 heures du matin, la porte s'ouvre. Le geôlier me fait signe de sortir. Du couloir, il m'entraîne tout droit vers la rue. Je n'ose y croire. L'aube point à peine. Damas sent bon. Dans la pénombre, j'aperçois une silhouette immobile contre un vieux taxi. C'est mon fidèle Hani.

Sans dire mot, il me conduit à toute allure à l'aéroport. Lui aussi a passé la nuit là. Ma valise, qui n'a pas été confisquée, est dans le coffre. Le premier avion à destination de l'Europe part pour Athènes. Va pour Athènes ! Je griffonne un mot pour expliquer à mon orfèvre qu'il n'aura pas de caméra cette fois-ci. J'offre à Hani, à l'intention de sa femme, ce qu'il me reste de parfum. On s'embrasse, émus.

Dans l'avion d'Olympic, tassée contre un hublot, je tremble de solitude. Je sais déjà la difficulté de raconter et la tentation de se taire. Elles ne feront, au fil de ma vie, que s'accentuer. Pour le moment, l'aventure est finie.

Mais les problèmes commencent. Pour aller plus vite, Hewitt nous demande de monter le reportage sur les Juifs syriens à New York. Deux organisations sionistes américaines en ont eu connaissance et demandent à le visionner avant diffusion. Hewitt, évidemment, refuse. Toutes sortes de gens influents pourchassent Wallace au téléphone. Le président de *CBS News* s'en mêle. Pour une fois, Mike peine sur son commentaire. Le reportage passe à l'antenne tel que nous l'avons conçu. Aussitôt, l'American Jewish Committee menace *Sixty Minutes* d'un procès, et *CBS News* de boycott si Wallace ne reconnaît pas publiquement nos erreurs. Nous aurions scandaleusement embelli le tableau, nous aurions caché ou tu les sévices dont les Juifs syriens sont victimes ; nous aurions compromis la campagne de levée de fonds en leur faveur.

Don est troublé, Mike se fâche. Je suis en première ligne, mais la famille de *Sixty Minutes* fait bloc. Après des heures et des heures passées à éplucher nos notes et à visionner tout le matériel, nous convenons avec nos avocats que nous sommes inattaquables.

L'assaut a été rude, la puissance de feu considérable, mais, solidaires et convaincus, nous avons fait face. Aurions-nous dû agir autrement pour protéger nos amis de la communauté juive de Damas ? Aurait-il fallu travestir la réalité telle que nous l'avions perçue, pour améliorer leur sort ? Quelques années plus tard, une autre équipe de *CBS News* retournera sur les lieux pour réaliser la même enquête, avec Wallace qui retrouvera la plupart de nos interlocuteurs d'alors, y compris mon orfèvre qui s'était depuis lors procuré une caméra par ses propres moyens. Notre reportage ne leur avait pas nui, au contraire. Sous la pression américaine, le régime autorisait enfin, au compte-gouttes, l'émigration. Les conclusions des journalistes allaient être à peu près les mêmes que les nôtres, mais les réactions beaucoup plus apaisées.

L'aventure n'est jamais finie. Elle recommence à chaque porte qui s'ouvre, renouvelée par les rencontres, les regards, les explorations, les découvertes, d'une cité de banlieue à un atelier clandestin, d'un hôpital à une ferme d'élevage. C'est une forme d'appétit qu'il faut entretenir. D'un continent à l'autre, en Rhodésie juste avant l'indépendance, en Afrique du Sud, en Géorgie et en Ossétie du Nord, en Iran, en Jamaïque, en Pologne ou en Azerbaïdjan, à Memphis ou à Shanghai, son goût ne m'a jamais quittée. À chaque reportage, il me possède à nouveau, éloignant de moi les miasmes des affrontements parisiens, les poussières de la gloriole médiatique, ses enivrements et ses gueules de bois.

Voilà pourquoi je comprends les marins. Ils reprennent toujours le large.

IV

Jours de guerre

Enfermée dans une chambre d'hôtel de Bagdad et retrouvant certaines odeurs familières, je repensais à des péripéties déjà lointaines. Je ruminais les ambiguïtés du métier, ses zones d'ombre et de doute. Je méditais sur les ressorts du temps et le rythme syncopé des heures en attendant que Saddam Hussein voulût bien nous recevoir.

Novembre 1990 : la guerre du Golfe s'enlise dans une de ces phases de négociations où l'ONU tente d'imposer son rôle d'arbitre. Quelques semaines plus tôt, le dictateur irakien avait accordé une interview à une chaîne française dans des circonstances qui avaient été contestées.

J'avais déposé une demande au nom de *France 2*. Le calendrier paraissait propice, puisque les alliés menaçaient alors de bombarder Bagdad. Contre toute attente, ma requête avait été agréée. J'avais proposé à deux autres médias, *France Inter* et *Le Monde*, de se joindre à nous pour que l'exercice fût plus irréfutable encore. Le journal avait refusé, mais Ivan Levaï, directeur de l'information de la station de radio, avait accepté.

Nous sommes donc à Bagdad parmi une cohorte de journalistes en tous genres qui ont pris leurs quartiers dans les deux mêmes hôtels. Ils s'ennuient ferme : les sujets de reportage deviennent répétitifs et la mainmise du ministère local de l'Information est fort lourde. Nous apportons donc une distraction et les dîners sont gais ; nous y retrouvons des copains connus sur d'autres fronts, mêlés à diverses aventures. Le temps a passé : désormais, les femmes-reporters abondent, surtout dans les chaînes de télévision où elles se montrent en général moins casanières, plus volontaires que beaucoup d'hommes.

Conformément à la coutume, nous faisons le tour des ministères : palabres interminables, ennuyeuses et nécessaires, égayées par la présence d'Ivan qui a le fou rire contagieux. La guerre paraît étrangement lointaine. Nous la retrouvons sur les récepteurs de nos confrères de *CNN* qui, selon leur habitude, ont choisi les chambres dotées des meilleurs angles de vue et monopolisent le toit pour leurs coupoles-satellites. La vie quotidienne est chère, les marchands bradent leurs tapis et les manteaux de fourrure raflés aux princesses koweitiennes. La population, qui sort de huit ans de conflit avec l'Iran, ne paraît pas autrement affectée par la situation. C'est la dictature, comme à l'ordinaire, et les portraits de Saddam en pied, en buste, en gros plan, à cheval et en jeep, dans tous les attirails, mais surtout en kaki, sont partout. Les Irakiens n'ont pas d'autre information qu'officielle ; les postes de radio vendus sur place ne captent pas l'étranger. Pour communiquer avec l'extérieur, le chargé d'affaires français nous laisse fort obligeamment l'usage de son téléphone et de son Télex, pris d'assaut à tour de rôle par les journalistes français. Paris ne semble pas autrement anxieux d'avoir de nos nouvelles, mais, au bout de quatre jours à tourner en rond, nous commençons à trouver le temps long. Dans l'attente du signal qui annoncera le rendez-vous, nous n'osons nous éloigner de notre hôtel.

L'Irak laïque ne voile pas les femmes et tolère l'alcool : ce sont bien ses rares qualités par rapport à la plupart de ses voisins arabes. À partir d'une certaine heure, l'ouverture des bars rend la traversée du hall hasardeuse. Je croise ainsi deux Français, membres de Médecins du monde, à la recherche d'un confrère suisse qui leur cause du souci. Longtemps en mission au Kurdistan, celui-ci ne peut quitter le pays, les autorités retenant en otages tous les résidents étrangers, et il commence à mal tourner.

« Mal ?

– Oui, il devient fou. Pouvez-vous faire quelque chose pour lui si vous voyez Saddam ?

– Je ne peux rien vous promettre, nous ne sommes même plus certains du rendez-vous, mais on verra. »

Franchement, on ne voit rien du tout. Levaï, je le sens, commence à regretter de m'avoir crue sur parole.

Un après-midi où le découragement finit par nous gagner et où nous n'avons même plus le cœur de confronter nos notes et nos questions, le téléphone sonne. C'est le palais. Nous sommes attendus d'urgence. La Sécurité nous convoque dans le hall.

Dominique Merlin, vieux sage à l'œil bleu qui, pour la chaîne publique, a promené sa caméra dans les recoins du monde, rameute équipes et matériel. Nous voici embarqués à toute allure dans un cortège de voitures japonaises neuves qui suivent les méandres alanguis du Tigre jusqu'à une zone résidentielle et une villa au toit bas que rien ne distingue des autres. On dérange quelques hommes de la Sécurité en pleine sieste et on nous installe dans un petit salon de cuir style Conforama.

Nos hôtes qui, comme dans *Tintin*, se ressemblent, avec leur moustache noire et leur bedaine, se curent les dents bruyamment. Rien ne se passe. Aucun signe de vie, d'activité, encore moins de guerre, ni même cette tension qui, partout, signale la proximité des puissants. Ivan tente quelques plaisanteries, l'excitation retombe. Une petite femme à l'air revêche nous rejoint et me fait comprendre qu'elle est affectée à ma sécurité, autrement dit à ma fouille. Et quelle fouille ! Dans une pièce adjacente, elle m'intime l'ordre de me dévêtir, inspecte doublures et ourlets, enlève montre et bagues, et entreprend, de ses petits doigts secs, de m'ôter de force une chaînette d'or qui ne quitte jamais mon cou. Pas question ! Qu'imagine-t-elle : que je vais m'en servir pour étrangler son dictateur ? Nous bataillons comme des harpies, elle cède et se venge en me trempant sans ménagement les doigts dans une solution chimique qui sent fort mauvais. Aurais-je du poison sous les ongles ? L'exaspération me gagne et tourne au fou rire quand j'entends, dans la pièce à côté, les vociférations de Levaï, soumis au même traitement.

Bizarrement, le matériel de tournage n'est pas contrôlé. Nous réserve-t-on une autre séance, ou s'agit-il de ce genre d'oubli dont seuls sont capables les régimes les plus paranoïaques ? Nous semblons bons pour le service mais nous sommes interdits de blocs et de stylo. On nous entasse à nouveau dans les voitures. La nervosité de l'escorte se fait plus perceptible. Où allons-nous ? Saddam, dans Bagdad, dispose de plusieurs palais dont il change par caprice et par prudence, mais on raconte que, depuis la guerre, il opère à partir d'un gigantesque bunker souterrain, hors de portée des visées ennemies.

Nous n'y aurons pas droit. Nous voici dans un palais au luxe suspect : marbre, colonnades et dorures, qui sent l'aigre et l'inoccupé. Au style du mobilier, à la profusion des matériaux et des couleurs, on imagine le bonheur des décorateurs français quand ils avaient encore accès à la manne irakienne. De halls en antichambres, jusqu'à l'immense salon d'apparat, la densité de moustaches noires et d'uniformes vert olive s'épaissit. On nous présente notre traducteur, qui tremble déjà. Avec autant de miroirs couvrant les murs, l'éclairage de l'interview sera difficile et le cadrage compliqué. Sans nous préoccuper de l'agitation alentour, nous nous organisons.

J'aime ces moments où, tels des artisans – ce que nous sommes –, nous apprêtons nos outils, disposant câbles et caméras, révisant nos notes, retrouvant dans ces gestes routiniers la complicité et la concentration qui précèdent l'épreuve. Avec Levaï, nous avons mis au point l'ordonnancement de nos questions, et je sais que, contrairement à d'autres, et non des moindres, il respectera les règles que nous nous sommes fixées.

La logistique me préoccupe. Ce genre d'interviews ne vaut que par les éclaircissements que Saddam pourra nous livrer en réaction à l'ultimatum de l'ONU, et par notre rapidité à les diffuser. Nous n'avons pas de moyens de direct, pas de liaison satellite avec Paris ; il nous faudra donc acheminer, traduire et monter au plus vite les cassettes que nous allons enregistrer, sans longs bavardages, sinon la besogne sera pire encore ! De Paris, Alain Wieder, responsable des magazines à *France 2*, a loué à moindres frais un petit avion qui, en fonction de nos horaires, nous ramènera au plus vite, mais je viens d'apprendre qu'en fonction des clauses de guerre et d'assurances il ne pourra pas se poser à Bagdad ; il nous attendra à Amman, c'est-à-dire à une nuit de route. Comment faire plus rapide ? Nous n'en sommes pas encore là. Encore faut-il qu'on mette l'entretien en boîte, puis qu'on nous laisse sortir du pays, ainsi que le rappelle finement Levaï...

Brusquement, les conversations s'interrompent. Les hommes de la Sécurité se figent : ils viennent de réaliser que le matériel de tournage n'a pas été inspecté. Saddam Hussein entre alors à grandes enjambées, flanqué de militaires chamarrés dont les talons claquent sur le parquet. Il est en civil, dans un de ces costumes bleu nuit, un peu trop brillant, comme on les aime dans la région. Selon les canons de la virilité locale qu'il a figés à son image, Saddam porte beau. Grand, massif, la moustache et le cheveu lustrés, il a le regard mobile et l'expression à peu près amène. Il s'assied, les jambes bien écartées, faisant craquer le fauteuil de bois doré, et se caresse les mains, des battoirs. On le sent capable de violence physique et on l'en sait amateur. Ne murmure-t-on pas qu'il a de sa main, ces jours derniers, abattu un général qui avait imprudemment mis en doute une de ses décisions ?

Nous échangeons les civilités d'usage. L'entourage s'aligne contre les murs. Les hommes de la Sécurité nous observent, désespérés. Pas question de faire attendre le chef suprême sous prétexte d'inspecter les deux caméras qui auraient dû être vérifiées depuis longtemps.

L'entretien peut commencer. Le traducteur s'essuie le front. Rien d'inattendu ou d'iconoclaste, pourtant, dans nos questions : quelle sera la réaction du président irakien au dernier ultimatum du Conseil de

Sécurité ? quels assouplissements pour les otages étrangers ? quelles pertes, à ce jour, pour ses forces armées ? quelles souffrances et privations pour les civils ?

Le grand homme donne des signes d'impatience, s'emporte dans une longue tirade contre l'ennemi américano-sioniste. L'arme chimique contre Israël ? Les moyens sont prêts. Ne craint-il pas l'opprobre et les représailles internationales ? L'interprète blêmit et se lance dans d'interminables circonlocutions qui n'ont manifestement aucun rapport avec notre question. Le dictateur n'a peur de rien et n'éprouve que des sentiments attendris pour les Français et leur Président.

Il est temps de conclure. Nous avons les quelques précisions qui peuvent faire la une, le lendemain ; le reste ne sera que langage d'airain. Je pense alors au Suisse fou, flanqué de ses copains médecins. Saddam s'apprête à se lever.

« Monsieur le Président, nous accorderiez-vous une faveur ? »

Il se rassied, l'entourage se raidit. Je lui explique les circonstances, la maladie, le dévouement du médecin, depuis des mois, dans les montagnes kurdes. Une pause.

Saddam se caresse le front. Le verdict
tombe :

« Accordé. Vous pouvez emmener l'otage
avec vous. »

Silence interloqué de l'assistance. Oui,
mais comment ? Notre avion ne peut pas
atterrir à Bagdad... On nous conduira à
Amman. Claquement de doigts. Le chef de
la Sécurité reçoit pour consigne de nous
amener le Suisse à l'hôtel et de nous organiser le soir même un vol pour la Jordanie.
Mais il faut d'abord visionner et dupliquer
l'interview ! Saddam n'a cure de ces détails.
Nous entourant de ses bras protecteurs, il
pose, tout sourire, pour la photo-souvenir
qu'il a coutume d'offrir à ses hôtes dans un
cadre de cuir déjà prêt, et nous gratifie
d'une biographie en anglais.

Levaï est hilare, nous sommes tous soulagés, surtout le traducteur. Seul le chef de
la Sécurité me lance des regards noirs.

« Où est-il, votre Suisse ?

— Je n'en sais rien, vous n'avez pas les
moyens de le localiser ? »

L'ironie n'est pas de son goût. On nous
ramène sans ménagements excessifs à
l'hôtel. Merlin, avec un sourire entendu,
glisse dans ma besace les cassettes de l'interview qu'en homme d'expérience il a

enregistrées en double avant d'en remettre un jeu aux Irakiens. Nous rions, nous pépions, savourant ensemble ce moment de récompense où nous éprouvons le bonheur du métier plus que ses ingratitudes.

« Tu ne vas jamais trouver un sac assez grand pour caser ton Suisse ! » ricane Ivan, rappelant l'épisode, qui avait fait jaser, du bébé ramené d'Irak par un glorieux confrère. « Et le sirop pour l'endormir ? »

Éclats de rire. Nous convenons entre nous de n'en rien raconter.

Dans le hall du Méridien, plusieurs journalistes nous guettent :

« Alors, l'interview ? L'ultimatum ? Il est en forme ? »

Nous nous précipitons pour appeler Paris. Wieder est tout heureux du résultat et du dispositif aérien. Par précaution, nous ferons retraduire à Paris les propos de Saddam. Levaï avertit sa rédaction. Payant ma note, je croise les médecins français :

« Où est votre Suisse ? On l'emmène !

— Quoi ? Saddam... ?

— Oui. Motus et bouche cousue. Où est-il ? »

Les deux hommes se regardent, navrés :

« On n'en sait rien, on l'a laissé après déjeuner, il nous pompait l'air. Ce matin, il est allé casser les Télex au consulat de Suisse, qui est officiellement fermé, et il menace de faire de même à l'ambassade de France... »

J'appelle le chargé d'affaires. Son soutien et sa cordialité nous ont été précieux.

« Je me suis barricadé contre votre ami suisse... Et l'interview ? »

Les nouvelles, dans le Bagdad des étrangers, vont vite ! Il n'y a rien d'autre à faire... Le diplomate propose de venir nous saluer à l'hôtel et de nous confier du courrier pour Paris. Nos sacs sont dans le hall, nous sommes prêts. Ne manquent que le Suisse et les cassettes de l'interview dûment estampillées. Mais, en cas de censure, nous avons les doubles.

Le chef de la Sécurité fait irruption. Je lui trouve un drôle d'air.

« Alors, nos cassettes ?

— Pas de problème, on vous les apporte à l'aéroport, mais vous ne pourrez pas partir...

— Comment ça, on ne peut pas partir ?

— Le Suisse, vous comprenez... On ne le trouve pas... et le Président a bien dit qu'il devait partir avec vous... »

Sa complexion a pris la couleur de son uniforme. La Sécurité irakienne incapable de retrouver dans Bagdad un Suisse barbu ? Voilà qui augure mal du reste de sa carrière ! Il s'en tord les mains...

Nous voici face à un dilemme inattendu : partons-nous sans le Suisse, sans l'interview, ou ne partons-nous pas du tout ? Le chargé d'affaires français nous rejoint, épanoui :

« J'ai retrouvé votre homme. Oui, il déambulait, quelque peu zigzaguant, sur le chemin de l'ambassade, et comme il ne passe pas inaperçu... Je lui ai conseillé d'aller faire son sac. Mon chauffeur est reparti le chercher, il ne va pas tarder. »

Le soulagement du militaire est indescriptible, il hurle des ordres pour organiser la suite. Arrive un grand diable enturbanné à la kurde, comme un Peshmerga. Les deux médecins français se précipitent sur lui et lui chuchotent quelque chose à l'oreille. Sans un mot, il reprend son sac, fend le hall et va s'installer dans l'une des voitures que la Sécurité a alignées devant le perron.

Nous faisons nos adieux à l'équipe et aux copains qui restent. La guerre continue, elle peut dangereusement se rapprocher d'eux. Notre cortège fonce vers un aéroport que rien ne signale et qui paraît proche du palais où nous avons rencontré Saddam.

Un petit *jet* nous y attend. Le chef de la Sécurité me tend, triomphant, les cassettes de l'interview. Pour un peu, il nous embrasserait. Le Suisse, l'air absent, continue de se taire. En nous remerciant, ses copains médecins nous ont assuré lui avoir administré un calmant. Dans l'avion, pas un mot non plus. Au décollage, Ivan me presse la main. La nuit tombe sur le désert. Bagdad s'éloigne. Saveur et émotion de ces instants, satisfaction de la besogne accomplie, pour éphémère qu'elle soit.

Nous savons que l'interview est une denrée périssable. Donc, pas de temps à perdre. À Amman, l'aéroport est vide. Aucun avion au sol. Où est donc l'appareil français qui doit nous prendre ? Les Irakiens nous laissent sur le tarmac et redécollent aussitôt. Nous voici tous trois, curieux équipage, errant dans l'aérogare à la recherche d'un téléphone et d'un sandwich. Nous ne trouvons rien de ce genre, mais un policier hachémite, imperturbable, nous signifie de façon toute britannique que nous ne pouvons pas sortir de Jordanie, puisque nous n'y sommes pas entrés. Surtout pas le Suisse, dont le passeport ne comporte aucun visa. Il est deux heures du matin et les explications sont inutiles.

Fourbus, nous nous allongeons sur les bancs de plastique quand nous entendons un sonore : « Putaing, cong, où sont-ils donc passés, la Ockrente et l'autre ? » Venus de Toulouse, le pilote et notre avion sont là. Nous sommes trois, et pas deux ? Qu'à cela ne tienne, il nous entraîne en courant, plantant le Hachémite qui en reste coi.

Dans l'appareil, notre Peshmerga suisse semble se détendre. Il se décoiffe et entreprend même de nous raconter sa vie, sa femme, sa découverte de la médecine humanitaire, ses déconvenues au Kurdistān. Ce n'est plus l'heure. Je m'assoupis. Levaï dort déjà à poings fermés. Je me réveille en Crète où nous faisons le plein et où m'assaillent d'autres souvenirs d'amitié et d'insouciance. Nous atterrirons au Bourget à 7 heures du matin. Wieder est prévenu. Qu'allons-nous faire du Suisse ?

À l'approche de Paris, le voici qui sort un miroir de son sac, renoue avec soin sa coiffure kurde et redevient muet. Bonne surprise : à l'arrivée, une voiture de l'ambassade de Suisse l'attend. Le diplomate nous remercie avec effusion :

« Le Conseiller fédéral m'a chargé de vous dire sa gratitude, il était très soucieux au sujet de son neveu. »

Son neveu ? Il est vrai que nous ne savons pas grand-chose de son histoire. Comment ont-ils été prévenus ? Par l'ambassade de France à Bagdad. Que vont-ils en faire ? Le mettre dans le premier avion pour Genève. Notre Peshmerga part sans mot dire. J'apprendrai plus tard qu'impatient d'embarquer, il a fracassé un chariot sur le comptoir de la Swissair, à Roissy. Je n'entendrai plus reparler de lui.

Grâce à l'acharnement d'Alain Wieder et malgré certains responsables de la rédaction qui la trouvaient dénuée d'intérêt sans même l'avoir visionnée, l'interview de Saddam sera diffusée le soir même au Journal de 20 heures. L'essentiel en sera repris dans les médias du lendemain. Et oublié le surlendemain. Levaï aura droit aux félicitations de son président ; je ne recevrai même pas un coup de fil des hiérarques de ma chaîne. C'est ainsi que la télévision française néglige souvent le moral de ses troupes, favorisant en leur sein aigreurs et ressentiments. On y cultive peu le patriotisme de chaîne, l'esprit maison tel que je l'ai connu à *Sixty Minutes* y sont rarement de saison. Chacun pour soi et la débine pour tous !

... Ce n'est ni le moment ni l'endroit d'agiter d'aussi sombres pensées. Me voici cette fois allongée dans un sous-sol du parking de l'aéroport Ben-Gourion, aux côtés d'Ariel et de Stéphane, un masque à gaz enfoncé sur la tête. C'est très désagréable, la sangle est trop serrée et j'ai l'impression d'étouffer. Que vaut-il mieux : s'asphyxier ou respirer les gaz dont nos interlocuteurs irakiens, quittés quelques semaines plus tôt, prétendent avoir chargé leurs Scuds ?

Le premier missile irakien de la guerre du Golfe vient de tomber sur Israël, à proximité de l'aéroport de Tel-Aviv, et nous y sommes. Bravo ! Quel flair professionnel ! Quel exploit journalistique ! C'est un hasard et il est vain : nous ne sommes pas là pour couvrir l'actualité, mais pour filmer un numéro de *Carnets de route*, l'émission de reportage que j'anime sur *France 2*. Le thème : les déchirements de la Terre promise que la guerre aggrave encore.

Couchés autour de nous, pareillement équipés, comprenant à peine les consignes de calme que la radio israélienne diffuse en hébreu et en anglais sur le transistor d'Ariel, des Juifs soviétiques, des vieux, surtout, et deux petits enfants qui débarquent à l'instant d'Odessa. « *Welcome to Israel !* » Nous venons de filmer leur accueil, superbement organisé par les services d'immigration israéliens. Après vérification de leurs papiers – beaucoup de Russes se découvrent des origines juives, ces temps-ci, pour pouvoir émigrer... –, ils ont reçu chacun un sac, avec les consignes de base, et un masque à gaz. Les sirènes ont aussitôt retenti et nous avons tous été évacués par l'armée vers le parking. Avec une passivité toute soviétique, les Russes ne semblent pas s'émouvoir outre mesure de cette manière de débarquer dans un monde meilleur. Nos autres camarades d'infortune, tous israéliens, font montre de cette discipline qui, dans les circonstances exceptionnelles auxquelles ils sont trop souvent confrontés, transforme en citoyens admirables des gens souvent exaspérants dans la routine.

L'inquiétude, pourtant, est réelle. Les menaces d'attaque chimique ont été réitérées ces derniers jours et, cette fois, les Irakiens ont visé juste. La radio continue d'égrener informations et conseils. Leur répétition devient angoissante. Décidément, j'étouffe. Je pense à mon fils... Stéphane, le cameraman, vient d'avoir un bébé. Je lui prends la main. Dans les rêves teintés de gloriole qui ont parfois accompagné mes expéditions journalistiques, je n'ai jamais imaginé de circonstances aussi bêtement pénibles. Comme dans un film de science-fiction à petit budget sur le déclenchement de la Troisième Guerre mondiale, sommes-nous ou non exposés à un risque chimique ? Ariel, le journaliste israélien qui nous accompagne, m'épie. Ses yeux inquiets apparaissent grossis par le masque. Il comprend ma mimique et entreprend sans succès de desserrer mes sangles. Et dire qu'à Jérusalem, hier, avant de descendre, nous faisions les clowns en comparant nos groins de caoutchouc !

Le temps se fige. À côté de moi, suffocant, un homme arrache son masque et respire goulûment. Pareils à des tapirs, nous le fixons, immobiles. Il se met à prier. J'ai parfois envié ceux qui ont trouvé Dieu.

Tant pis, j'ôte à mon tour mon masque.
Ariel sourdement me gronde. Le transistor
crache enfin la nouvelle : pas d'émanations
chimiques après ce premier tir, mais deux
autres Scuds viennent de tomber sur un
faubourg de Tel-Aviv. Restez vigilants !

Lentement, gravement, chacun se lève,
gardant son masque en sautoir, et, sans
effusions particulières, retourne à ses
activités : qui à sa file d'accueil des immigrants, qui à son poste de contrôle, à sa
caméra ou à son bloc-notes. Étrange,
comme on s'habitue à cette drôle de
guerre.

De l'aéroport, par réflexe, j'appelle
France 2. Le journal du matin prendra mon
récit. Fureur des « spéciaux » ! Ce sont eux
qui couvrent la guerre, pas nous ! Nous ne
sommes qu'une équipe « magazine » et, pis
encore, nous travaillons avec une maison
de production extérieure. Les « spéciaux »,
eux, sont en *battle-dress*, avec des poches
partout, ils campent sur les toits des grands
hôtels, guettant le prochain missile pour
leur « plateau en situation ». Ils attendront
en vain : il n'y aura plus d'attaque avant
quelques jours. La guigne !

À tout prendre, le boulot des équipes
basées à Jérusalem est plus tranquille – la

Ville sainte est moins exposée que la côte –, et plus gratifiant. À Jérusalem, on fait de l'analyse. À partir de quoi ? Des mêmes informations, le plus souvent, à condition qu'elles soient validées par le fil de l'*AFP* à Paris. Sinon, les rédacteurs en chef n'y croient pas. À quoi bon alors être sur place ? Pour montrer qu'on y est...

Pendant cette guerre, le conformisme médiatique vire à la caricature. À Jérusalem, c'est à partir d'un seul immeuble, celui de Capital Studio, qu'émettent toutes les télévisions occidentales, et singulièrement *CNN*. D'étage en étage, d'un studio à l'autre, on observe la même scène : les correspondants maquillés, prêts à prendre l'antenne selon l'horaire de leurs journaux respectifs, masques à gaz dans le champ pour faire couleur locale, l'œil rivé sur *CNN* qui émet deux étages au-dessus et donne la tonalité du jour. En cas d'alerte – il y en a aussi à Jérusalem, même si on les prend moins au sérieux –, on se retrouve tous dans les sous-sols du grand hôtel d'en face, et les plus bavards, malgré leurs masques, continuent de discuter.

Ainsi tourne le cirque médiatique à l'heure du direct et des satellites. Ce n'est pas toujours sérieux, mais, avouons-le, c'est assez gai. Comment ne pas être grisé par la débauche de moyens, les facilités de la technologie, le portable, le fax, les modems et le reste ! Il est loin, le temps où le journaliste peinait des heures sur un commentaire en attendant d'envoyer par avion des boîtes de pellicules qui devaient encore être développées et montées, tandis que la situation dont il devait rendre compte continuait d'évoluer. Aujourd'hui, l'image surgit en même temps que l'événement. Seule vaut la rapidité. La réflexion, la mémoire, la mise en perspective restent une marque de talent, mais relèvent du luxe et ne constituent plus l'essentiel. La formation des journalistes, de plus en plus technique, accélère cette tendance, et la qualité de l'information télévisée s'en ressent. Qu'importe, une image chasse l'autre, chaque émotion nouvelle gomme la précédente.

« Tu te dis que tout va si vite ? Regarde donc le ciel. Ici, chez nous, il ne retient que le temps long, le temps de Dieu, celui qui compte les années par milliers, et j'attends, moi, qu'il s'accélère ! Que cessent ces guerres stupides ! Remarque, celle-ci peut avoir du bon... »

Shalom a le regard doré. On ne sait ce qui l'emporte dans son reflet, de la malice, de la sagesse ou de l'émerveillement, de l'espoir ou de la connaissance qu'il a, immémoriale, des êtres et des choses. J'aime Shalom, comme tant d'autres avec moi, souvent journalistes, qu'il a aidés, éclairés, bonifiés de sa générosité et de son intelligence.

Je remarque que son œil brun s'est cerclé de bleu, comme si la mort n'était plus très loin.

Shalom est né juif à Bagdad. D'Israël, il a vécu toutes les guerres et tous les tourments, œuvrant pour la paix, payant de sa personne et de sa santé, maintenant coûte que coûte le dialogue avec ses amis palestiniens et arabes.

Nous sommes dans sa cuisine, sirotant sur la toile cirée un mauvais Nescafé.

« Arafat soutient encore Saddam, mais, à la longue, il saura où est son intérêt en dollars et en jetons de paix... Ce serait intéressant de le faire parler, tu devrais t'y employer. Pas tout de suite, dans quelques semaines... »

La chasse israélienne zèbre le ciel. Shalom lève le nez. Son masque de vieux lion s'alourdit. L'un de ses fils est aviateur ; l'autre, Ariel, notre compagnon, est journaliste comme lui. On sort faire quelques pas. Il marche avec difficulté. Dans son jardin, une immense roue de pierre qui date de l'époque romaine :

« Songe à tout ce qu'elle a broyé avant de finir ici, inutile, comme moi... »

Il sourit, sa main se fait plus lourde. Il vivra assez pour aller à Madrid couvrir l'ouverture officielle du processus de paix, et ce sera son plus grand bonheur. Mais son cœur le lâchera, et nous avec lui, avant Washington et les poignées de mains de Rabin, Arafat et Peres devant la Maison-Blanche...

À la synagogue libérale, près de la Bastille, à Paris, un jour de pluie, nous fûmes nombreux, amis reconnus ou inconnus, à célébrer la mémoire de Shalom Cohen. La cérémonie lui allait si mal ! On devinait, à la diversité des visages et des attitudes, les vagabondages de ses affections, l'improbable cohésion que sa force de vie et de conviction avait su donner à cet assemblage.

Shalom était journaliste, mais les détails ne l'intéressaient pas. Il n'avait jamais fait carrière. Il aurait voulu écrire tant d'autres histoires que celles des méfaits des hommes, des histoires d'Orient et de métissages, avec leurs encens, leurs flammèches, leurs cruautés, leurs moments d'abandon...

Shalom était un sage. Il avait pénétré les mystères du temps. Il se trompait peu. Il ne nourrissait guère d'illusions sur les hommes, mais entretenait une confiance inexplicable en l'Histoire.

La cérémonie terminée, à la sortie de la synagogue, comme je passais devant une photo de lui simplement posée sur un tréteau de bois, une femme s'approcha et me cracha au visage. Elle n'avait pas apprécié mes derniers reportages ; j'étais une « ennemie d'Israël ». Des amis s'interposèrent, le rabbin vint présenter des excuses et, comme je pleurais de colère et de chagrin, je crus entendre, résonnant encore et encore, le bon rire léger de Shalom. Je ne sus s'il voulait me consoler ou s'il riait d'avoir quitté tout cela.

V

La Fallaci

« *Fa en culo ! Maledetto ! Stronzo...* »
Mon italien n'est pas à la hauteur de la colère de la dame. Telle une furie antique, elle éructe au téléphone à l'adresse d'un interlocuteur dont j'ignore le crime. Même de dos, tapant par terre du talon de sa bottine, martelant du poing le buffet de l'entrée, la chevelure hérissée, elle fait peur. Elle a beau être menue, elle dégage une énergie et une capacité de nuisance considérables.

« *Stupido ! Sei veramente troppo stupido !* »
Elle ne m'accorde aucune espèce d'attention. J'avais pourtant pris soin de téléphoner du village pour l'avertir de mon arrivée,

103

et le rendez-vous avait fait l'objet d'interminables tractations, d'abord avec son
agent à New York, puis avec elle. Il avait
fallu la pourchasser par téléphone d'un
continent à l'autre. Négocier pour *Sixty
Minutes* le portrait d'Agnelli ou l'interview
de Brejnev, cela avait été, par comparai-
son, une partie de plaisir.

Me voici enfin en présence du monstre
sacré. Dans la grosse bâtisse toscane plan-
tée au sommet d'une colline plane une âcre
odeur de chats. Il y en a partout, des gros,
des moches, des râpés, des griffus qui se
chamaillent en une ronde incessante.
« *Aah, questi gatti !* » Elle en rejette deux
sans ménagements et fourrage dans sa
tignasse, poursuivant ses invectives. Elle a
de longs ongles vernis, très rouges et de
gros bracelets qui tintinnabulent aux poi-
gnets. Accrochés aux murs, des carabines
et quelques pistolets. L'ambiance est
sombre et guerrière. Que faire ? Franchement, j'ai plutôt envie de fuir. Quelle sorcière...

Brutalement, elle raccroche et, pivotant
sur ses talons, me décoche un sourire
angélique :

« *Cara*... Comment allez-vous ? Enchan-
tée de vous connaître. Je suis Oriana... »

Des yeux inquisiteurs, taillés en amande, lui mangent le visage, qui paraît juvénile avec ses longs cheveux auburn flottant sur les épaules.

« Excusez-moi... je parlais à mon photographe... Je l'adore. » Elle parle en anglais avec l'emphase italienne. « *Fasciamo un' caffé.* »

Catégorique, la dame, et sans fioritures. Qu'a donc pu lui faire le photographe ? Elle m'entraîne dans la cuisine et s'affaire autour d'une vieille plaque à charbon.

« Mon père déteste tout ce qui est électrique. Il vit ici toute l'année avec ses chats, prêt à faire feu sur tout intrus. Pan ! *Cosi !...* C'est un misanthrope, mon père. Comme moi. »

Les deux coudes sur la table, elle me lance au ras de la tasse fumante un long regard soupçonneux.

« ... C'est surtout un héros. Vous savez ce qu'il a fait pendant la guerre ? »

Elle entreprend, gestes et mimiques à l'appui, le récit des hauts faits de la résistance antimussolinienne dans la région de Florence. Tous les détails y sont, les noms et les lieux, les déchirements qui ont suivi avec les communistes. Quel talent épique !

Le soir tombe et nous n'avons toujours rien abordé de ce qui nous réunit.

« Mon père m'a légué le mépris de la politique et la haine de la guerre. Sans doute aussi le goût... »

La Fallaci se perd dans une sombre rêverie.

La voici donc, la célèbre journaliste qui, depuis des années, fait trembler les puissants de ce monde, leur extirpant sur son petit magnétophone les aveux les plus candides et les plus compromettants, intrépide, vipérine, farouche. La seule star du métier avant que la télévision n'en fabrique à la pelle, avec ses outrances, ses colères, ses exploits, ses exigences. La seule diva à régner de part et d'autre de l'Atlantique, crainte pour son talent, vilipendée pour son succès...

« Et toi ? »

Je sursaute. M'adresserait-elle enfin la parole ?

« Oui, toi. Il n'y a personne d'autre ici, que je sache ! Toi, tu l'aimes, la guerre ? »

La question me désarçonne :

« Non.

– Ah ! »

Silence. Je sens que je perds déjà pied dans son estime.

106

« Tu as été au Viêt-nam ? Non ? Pourquoi ? »

Bafouillant, je tente quelques explications.

« Tu as bien fait. Tu n'aurais rien compris. »

Le ton est péremptoire. Je m'empourpre.

« Mais non, ne te vexe pas ! Tu n'es qu'un bébé, tu sais. Tu n'es plus si jeune, mais tu n'es qu'un bébé. Je le vois. Et tous les bébés que j'ai croisés au Viêt-nam ont mal tourné. Tous. Soit morts, les pieds devant, pour avoir voulu montrer qu'ils avaient des couilles grosses comme ça ; soit encore en vie, avec pour toujours la tête à l'envers. *Poverini !* Pour comprendre la guerre, il faut être très vieux dans son âme, antique, *capisci* ? Ou alors, y passer beaucoup de temps... »

Elle se lève pesamment du banc de bois et revient avec une bouteille de chianti.

« Du vin de la propriété. Regarde l'étiquette ! »

Son nom s'y inscrit en gras, elle en est fière comme une gamine. Le bouchon fait un bruit sourd.

« Bon alors, qu'est-ce qu'on va faire ensemble ? »

C'est ainsi que la Fallaci est entrée dans ma vie, pour me faire la leçon. Ce soir-là, je ne suis pas redescendue de la colline. À dîner, autour d'un plat d'aubergines, face au père muet, le béret noir vissé sur la tête, flanqué de tous ses chats, je lui ai expliqué ce que Wallace souhaitait : un face-à-face entre les deux terreurs de l'interview. Il entendait la cuisiner sur la manière dont elle venait d'interroger Henry Kissinger, alors au faîte de sa gloire. « Je ne suis qu'un pauvre cow-boy solitaire », lui avait-il confié, au bord des larmes. Leur échange avait fait grand bruit aux États-Unis. L'interview, très fouillée comme à l'habitude, disséquait sans indulgence la politique américaine au Viêt-nam et mettait en cause la responsabilité propre de Kissinger. L'entourage du secrétaire d'État avait mis en doute l'authenticité de l'entretien, et la Fallaci devait, devant nos caméras, faire écouter à Wallace la cassette de l'enregistrement. On attendait Mike et l'équipe le lendemain après-midi.

Plutôt que de m'en retourner à Florence, Oriana me proposa de rester dans sa maison de campagne. Je bus beaucoup de chianti, parlai sans doute trop, eus droit en guise de commentaire à un inépuisable

catalogue de jurons en trois langues, et
retins de la soirée de sanglants et brillants
récits de combats et d'amours déçues sur
fond de décombres vietnamiens. Au
métier, aux exaltations particulières de
cette forme de traque, aux ivresses de la
renommée, elle avait sacrifié bien des bonheurs, mais ne voulait pas l'admettre.

La chambre où elle me fit dormir, avec
ses rideaux de chintz et ses petits napperons, ressemblait à celle de l'enfant qu'elle
n'avait jamais eu, de *l'enfant jamais né*,
pour reprendre le titre d'un de ses livres
qu'elle m'avait dédicacé ce soir-là : « À
Christine, avec tant de sympathie, avant de
lire les livres qu'elle ne manquera pas
d'écrire. »

Malgré mon mauvais italien, le livre me
parut admirable et je le lus d'une traite
dans les draps humides, imprégnés de la
rance odeur des chats.

La confrontation entre la Fallaci et Wallace ne se passa pas bien. Il se montra
encore plus agressif qu'il n'était d'habitude,
surtout avec les femmes ; elle était d'une
humeur détestable et se montra odieuse
d'un bout à l'autre. Elle avait pris en grippe

La mémoire du cœur

le pauvre McClure et mettait un malin plaisir à lui interdire l'accès aux pièces où il voulait installer ses caméras. À force d'arguties, on s'accorda sur le choix de son bureau. Étrange décor pour une pasionaria ! Avec ses bibelots, ses poupées folkloriques, ses dentelles et ses nœuds de tissu pastel, la pièce semblait conçue pour abriter les rêveries d'une très jeune fille. Sur la coiffeuse, entre deux photos d'Oriana en *battle-dress*, casque sur la tête, et quelques statuettes étrusques, trônait le fameux petit magnétophone dont l'enveloppe de cuir noir arborait bien des cicatrices.

« Pas question d'écouter la bande de Kissinger. Vous ne me croyez pas sur parole ? » lança-t-elle d'emblée à Wallace, les yeux exorbités de colère, avant d'en faire entendre quelques bribes.

La Fallaci montrait en toutes choses un art consommé de la dramaturgie : dans ses interviews, qu'elle construisait et reconstituait sur le papier pour mieux jouer de leurs ressorts, comme dans la vie. Wallace, pour une fois, avait du mal à faire face. « Elle est folle ! » me dit-il en aparté, faussement navré, comme elle insultait encore une fois le réalisateur. Le charme new-yorkais n'avait pas prise sur l'outrance florentine.

110

« Je l'ai bien eu, hein, le *stronzo* ! » s'exclame au téléphone, deux jours plus tard, la Fallaci hilare. « Tu l'as vu, le Wallace, avec sa Gomina, il était dans la merrrde ! »

L'emploi du français rend tout à coup la charge plus féroce.

« Je n'en suis pas sûre. Sur les *rushes*, tu as l'air d'une furie ! Et lui, malin, prend un air attendri. Ses questions sont bonnes !

– *Non mi frega niente*, rien à foutre ! Qu'ils aillent au diable, tous les connards de la *CBS*... et toi avec ! »

Elle raccroche, furibarde. Le lendemain, voix de soie :

« *Nina*, ça va ? Les choses vont comme tu veux ? Je t'en prie, ne fais pas l'erreur des autres, ne joue jamais, comme eux, aux jeux du pouvoir, n'essaie pas de ressembler à ceux que tu interroges, tu comprends ? Le pouvoir est terrible, il faut, contre ceux qui le détiennent, avoir toujours le doute, la suspicion, la colère. Oui, la colère. Dans ce métier, il faut toujours avoir la colère ! »

La colère... En toutes circonstances, des plus bénignes aux plus graves, la Fallaci en connaît les accents et sait en faire usage. Pour intimider les faiseurs, impressionner les puissants, terroriser les sans-grade, susciter aussi des dévouements sans pareil. Elle change de registre à une vitesse déconcertante, tantôt minaudant, charmeuse et enjôleuse comme une fillette, tantôt chargeant telle une furie, sentant l'erreur, devinant la faille, méchante, cruelle même. Avec les hommes, qu'elle aime beaux, elle joue ; avec les femmes, elle dicte. Elle est dure à la tâche, préparant interviews et reportages avec rage et minutie. Elle est sans patience, sauf pour parvenir à ses fins. Sans indulgence et sans tolérance, surtout pour la bêtise. Elle ne supporte pas l'injustice. C'est dans le sang de la famille, aime-t-elle à dire, de cette famille modeste de Florence, dure et opiniâtre à l'ouvrage. Elle se méfie des curés, des politiciens et des idéologues, à l'image de sa mère, petite femme ronde et bonne qu'elle dorlotait et qui, dans la pauvreté, avait élevé ses trois filles. Oriana a toujours peur de manquer, et l'argent la rassure. Elle se préoccupe de ses sœurs, des rares amis qui ont su résister à son exigence et à son tempérament, et voue au reste de l'humanité une solide inimitié que la curiosité parfois ébrèche. Dure à cuire, ignorant la peur physique, prête à affronter le pire à condition d'avoir sous la main son contingent de cigarettes Lark et de ne pas s'écailler les ongles dont le rouge varie selon son humeur, elle cède à des attendrissements enfantins, fondant devant un animal blessé, un chapeau qui lui fait envie ou un verre de sauternes. Chez elle, toujours l'éclat de l'intelligence, la brutalité de l'analyse, la justesse de l'intuition subjuguent. Et le sens de la formule.

Elle avait commencé dans le métier par le plus anodin et le plus superficiel, là où ont été longtemps reléguées les femmes : la rubrique spectacles, ou plutôt *people* –les acteurs, le show-biz, les tournages. Un peu comme Françoise Giroud qu'elle n'a jamais eu envie de connaître : question de rang, de flair, de méfiance réciproque... Elle y affina sa plume sans perdre l'acuité de son œil, exploita pour le plus grand hebdomadaire italien le filon des interviews-confessions avec les stars de l'époque, puis, maîtrisant le genre, passa à d'autres clientèles. *CNN* n'existait pas et les patrons de journaux croyaient encore à l'intérêt des dialogues en profondeur avec les maîtres du monde. De Nixon à Indira Gandhi, de Gorbatchev à Chou En-lai – le plus intelligent, selon elle –, ils ont tous, au fil des années, affronté la Fallaci. Pas Giscard ni Mitterrand, qu'elle avait approchés sans conviction. Elle a peu de goût pour la rhétorique et l'esthétique du discours à la française. Ce qui la fascine, c'est le bestiaire du pouvoir, les ressorts, les mobiles, les fulgurances ou les myopies de ceux qui l'exercent. Le journalisme n'est-il pas la seule façon contemporaine de raconter l'Histoire ? La vraie, à l'instar d'Hérodote, son maître, qui comprenait, dans le récit, l'importance du détail et l'utilité de l'ellipse. La Fallaci ne veut dialoguer qu'avec l'Histoire.

C'est ainsi qu'elle aima Alekos Panaghoulis, héros de la résistance grecque, emprisonné et assassiné par les nostalgiques du régime des Colonels, dont la passion, la souffrance et la fin furent à sa démesure. Elle se livra à cet amour avec le sens du secret et de la clandestinité qu'elle savait si bien cultiver, et le perdit, misérable, mortellement blessée, en même temps que le goût du journalisme.

Je la rejoignis à Athènes, au surlendemain de l'attentat, dans un petit hôtel sinistre et sombre, près de la cathédrale, où aimait descendre Panaghoulis. Je la reconnus à peine, petite femme flétrie par la douleur, enfermée dans le noir du deuil. La nuit fut interminable, entrecoupée de ses pleurs et de ses monologues. Mais avec l'aube, alors qu'il fallait se préparer à reconnaître le corps et affronter la famille, je la vis renaître à la colère comme d'autres à la vie. Une colère de glace, d'un bloc, tranchante, aux arêtes si vives que nul ne pouvait y résister, amis ou adversaires qui déjà rivalisaient dans le culte du héros défunt et sa récupération. Possessive dans la mort comme dans la vie, Oriana prit les choses en main, organisant les funérailles, qu'il fallut nationales, aiguillonnant l'enquête de police, rédigeant pour les collaborateurs de Panaghoulis, qui avait été élu député à la chute des Colonels, communiqués politiques et interviews circonstanciées. Les chefs de partis venaient la saluer comme une veuve officielle, et la famille, qu'elle méprisait, cachait à peine sa jalousie. Blanche, glaciale, tremblant de fatigue et de nervosité, Oriana ne parlait qu'à Panaghoulis, qu'elle prenait à témoin de la lâcheté et de la stupidité ambiantes, l'insultant même de s'être laissé faire, lui qui, de façon prémonitoire, savait, en la quittant quelques jours plus tôt, qu'il allait vers sa mort. Elle le savait, elle aussi, experte en destins, et sa colère n'en était que plus grande.

Vint le matin des funérailles. Dès les premières heures, dans la ville grise de poussière et de lumière, la rumeur sourdit et gonfla avec la foule qui accourait, innombrable, se joindre au cortège des proches et des officiels. « *Zi, Zi, o Panaghoulis zi...* Panaghoulis vit, longue vie à Panaghoulis ! »

Je l'aperçus enfin dans son cercueil au couvercle de verre, leur héros et le sien, son homme, frêle et serein dans son costume noir, son visage doux barré d'une moustache noire, portant au doigt l'alliance qu'elle lui avait glissée la veille, à la morgue.

Elle le suivait, absente, portée par la foule qui, selon la coutume, criait et applaudissait à tout rompre, de boulevard en boulevard, jusqu'à ce que le cortège parvînt enfin par des rues étroites à la cathédrale où l'attendait dans sa pompe le haut clergé orthodoxe. Au moment de bénir le catafalque, le métropolite engoncé dans ses ors trébucha et s'affala sur le couvercle de verre. Je lus alors sur les lèvres d'Oriana, dont la bousculade m'avait éloignée, l'in-

vective familière et presque rassurante :
« *Che stronzo ! che stupido stronzo !* »

Depuis la mort de Panaghoulis, la Fallaci
ne croit plus qu'à la littérature. Et encore.
De sa disparition elle a fait un livre, et n'a
plus accordé au journalisme qu'un intérêt
épisodique.

« Tu vois, il n'y a plus de personnages.
Plus de grands qui aient une vision, un sens
de l'Histoire. Ceux qui m'intéressent, je
préfère les inventer. Les autres, je les vois
sur *CNN*, et ça me suffit ! De la matière
plastique, comme dans *Dallas* ! »

Trompant ses impatiences entre sa maison de New York et le fortin de Toscane,
elle a replongé un moment, à Beyrouth,
dans la guerre, retrouvant dans les tourments libanais, avec leur débauche de sang
et de haine, le ferment de ses curiosités
anciennes. Elle en a rapporté la matière
d'un énorme et superbe récit qu'elle a mis
longtemps à écrire et qui connut en Italie
un succès considérable.

Méprisant depuis longtemps les compromissions du système et ses simulacres, elle
ne se divertit plus à en tirer parti. Farouche
et intransigeante, isolée par sa réputation,

elle ne voit plus grand-monde, soignant tant bien que mal dans la solitude les blessures de la gloire et les morsures du destin.

Sur mon bureau, la statuette étrusque qu'elle m'a offerte lors de notre première rencontre me fait face, toute droite. Quand la Fallaci appelle, de sa voix éraillée par la cigarette, dont elle force encore l'usure pour mieux se faire plaindre, je sais qu'avec peu de mots elle devinera, en bonne sorcière florentine, soucis, bonheurs ou artifices, et que j'aurai droit encore et toujours à ma leçon. C'est mon privilège. Seuls manquent aujourd'hui les jurons. Elle ne les réserve plus qu'à la mort.

VI

Les ors de Byzance

L'intelligence à la française passe difficilement les frontières. L'esprit de logique, avec sa part d'arrogance, nous ferme le plus souvent à d'autres formes d'esprit.

J'ai eu la chance de passer par Byzance, de découvrir ses jardins clos aux étrangers, ses clairs-obscurs et ses faux-semblants, de goûter ses épices douces-amères, et de trouver dans la tendresse d'une famille de cœur les aliments d'une autre culture.

Yanni était grec. De tous les titres que lui avait valus un parcours brillant et houleux, celui qu'il préférait était « prince de Constantinople ». C'est ainsi que l'Église orthodoxe distingue les hommes d'exception qui lui rendent des services. Le Phanar

aime, pour mener sa diplomatie, les inter-
médiaires compliqués. Le *Phanar* et non le
Phanère, quartier chaud du Pirée, comme
je l'avais malencontreusement nommé
devant un archimandrite, déchaînant
parmi nous un inextinguible fou rire.

Yanni aimait la palabre, la négociation et
le mystère. Il adorait le Christ Pantocrator
et son Église, ses ors et ses encens, ses
chants et son rituel figés depuis le Moyen
Âge, son clergé innombrable, des popes les
plus crasseux aux théologiens les plus éru-
dits. À sa foi se mêlaient l'admiration pour
une institution politique qui a si longtemps
survécu à ses propres excès et cette part de
superstition que brasse la Méditerranée.
Nous visitâmes ainsi d'innombrables
églises, allumant partout de ces cierges fins
qui plient sous le doigt, et admirâmes le
sacré sur les sites les plus païens de la
Grèce antique. Le haut lieu de nos périples
fut Patmos, pour sa splendeur, la modernité tragique de Saint-Jean-Chrysostome,
et pour son monastère. C'est là, à l'occasion
des célébrations du cinq centième anniver-
saire du sanctuaire, que nous fîmes
ensemble notre dernier voyage et que nous
eûmes le bonheur d'initier mon fils à la
liturgie byzantine. Dans la lourde vapeur

des encens et les longues psalmodies des dévots, Alexandre se comporta fort bien. Ne porte-t-il pas le prénom du plus beau des héros hellènes ?

J'ai connu Yanni grâce aux Colonels. *Sixty Minutes* s'intéressait enfin, sur mon insistance, à la dérive fasciste d'un régime que Washington et la CIA n'avaient pas vu, à ses débuts, d'un mauvais œil. À nous de démontrer qu'ils avaient eu tort. Je me lançai dans ce reportage avec passion, trouvant dans la complexité de la situation, l'importance des enjeux, la théâtralité des personnages, l'engagement des opposants, de quoi satisfaire un appétit de sérieux que beaucoup des sujets européens du magazine – portraits et folklore – n'assouvissaient pas toujours. Je m'étais liée d'amitié à Paris, où l'exil était plus doux, avec nombre de résistants qui passaient beaucoup de temps, en vrais Balkaniques à palabrer et à se disputer entre eux. Au premier rang, Mélina Mercouri vivait alors avec Jules Dassin – adorable et têtu – au premier étage d'un immeuble à verrière de la rue de Seine, haut lieu de complots et de communiqués contre le régime. J'y passais des nuits entières dans la fumée des cigarettes que Mélina, sincère et théâtrale, vis-

sait à la chaîne sur un bout d'écaille, agi-
tant sa crinière blonde, passant avec
volupté des lamentations à un rire homé-
rique. Puisque j'allais à Athènes, dont tous
étaient bannis, mes amis me recomman-
dèrent avec les précautions d'usage
quelques personnages qui pouvaient m'aider dans mon entreprise. Parmi eux, deux
écrivains courageux, un ambassadeur à la
retraite dont la femme était américaine, et
« le Professeur », Yannis Georgakis, un
homme puissant et ambigu, qui était le
conseiller le plus écouté d'Aristote Onassis.

Je rencontrai Yanni dans un recoin du
bar de l'hôtel de Grande-Bretagne, où il
avait ses quartiers. Il était petit, rond, élégant et grand seigneur, extrêmement intelligent, cultivé, cynique, sentimental et
drôle. Il devint mon complice à vie, et
Chloé, sa fille, ma brune sœur de lait. Il
m'initia à la Grèce et à son cirque politique,
aux nostalgies d'une culture qui prétend
sans cesse réinventer sa grandeur antique,
lourdement métissée d'Orient, obsédée par
le complot et le jeu des « Puissances »,
comme on dit encore dans les Balkans. Il
me fit découvrir les romantiques allemands
et Rainer Maria Rilke, qui avaient
imprégné avant-guerre son éducation de

jeune bourgeois cosmopolite. Il me présenta à de merveilleux vieux Anglais, raffinés et alcooliques, installés là depuis la Deuxième Guerre mondiale, comme Patty Leigh Farmer, le héros des *Canons de Navarone*, qui, avec une poignée d'hommes, avait libéré la Crète. Tout ce petit monde observait, faussement détaché, à grands coups de blanc sec, les méfaits d'une brochette de militaires grotesques et corrompus, vautrés dans la dictature.

Comme à l'habitude, je préparai le terrain pour Wallace, choisissant et négociant les interviews, organisant le tournage et la logistique. J'obtins l'autorisation de filmer dans la prison de Korydallos où l'on détenait tous les opposants politiques. Peu familier de ces odeurs et de ces émotions, Mike en conçut une aversion tenace pour la région en général et le régime en particulier. Il avait encore une fois fait son *homework*, travaillé son sujet et parfaitement assimilé les notes que je lui avais envoyées. L'interview qu'il mena avec le général Pattakos fut dévastatrice. Lors de sa diffusion, le reportage fit grand bruit à Washington et entraîna la création d'une commission d'enquête du Sénat sur le sens de la politique américaine, qui devait s'infléchir quelques mois plus tard.

Se tenant à l'écart du milieu politique local, qu'il méprisait et qui le craignait, Yanni œuvrait dans l'ombre pour le retour au pouvoir de Constantin Caramanlis, alors en exil à Paris. Son entregent tenait à la fois à son itinéraire personnel et à la puissance d'Onassis. Très jeune, Yanni avait été le secrétaire particulier de Mgr Damaskinos, régent de Grèce pendant la Deuxième Guerre mondiale. De l'observation du pouvoir dans une période aussi trouble, ensanglantée par la guerre civile qui s'ensuivit, il avait retenu beaucoup sur les gens et les choses. Son jugement était rarement flatteur, et sa mémoire sans défaut. Il avait très tôt conçu à l'égard de l'action, de ses limites et de ses effets, un scepticisme qui n'avait pu que croître avec l'âge. Incapable de composer avec le conformisme ambiant, peu soucieux de faire carrière, il s'était vite attiré, par son brio, son humour, sa liberté de pensée et de mœurs, la méfiance de la bonne société athénienne, qu'il qualifiait volontiers de « basse-cour ». Préférant toujours son plaisir aux calculs et aux convenances, il fit route à part, ne trouvant jamais tout à fait un rôle à sa mesure,

124

mais séduisant au passage Aristote Onassis,
dont il devint le conseiller le plus proche.

Onassis était un monstre au charme et à
la rouerie si exceptionnels qu'on en
oubliait sa laideur, son narcissisme et sa
mégalomanie. Je ne l'ai connu qu'à la fin de
sa vie. Jackie était rarement là, elle ne supportait pas la Grèce. Une nuit interminable
dans un *bouzouki* près d'Athènes à le regarder boire et casser des assiettes, et surtout
un long week-end à bord du *Christina*, son
yacht ancré à Skorpios, l'île ionienne dont
il était propriétaire, me convainquirent
aisément que je n'avais rien à faire dans ce
milieu-là. Yanni l'observait avec détache-
ment. Chloé, sa fille, l'avait fui pour toujours, blessée par les errements de la vie
familiale, trouvant dans la splendeur
fugace des décors et des costumes de
théâtre l'univers propre à démontrer son
talent.
Autour d'Onassis, la richesse à ce point
obscène, l'ennui, la vulgarité et la cupidité
des entourages, l'orchestration des conversations et des occupations au gré du seul
plaisir du maître, étaient vite écœurants.
On éprouvait à sa seule apparition les

vibrations particulières de la puissance.
Onassis n'avait ni le goût ni le talent de la
conversation. Il aimait ce brio chez les
autres, et c'est ainsi que, pendant des
heures, il écoutait Yanni l'entraîner dans
les subtilités d'une œuvre littéraire ou les
dédales de la politique internationale.
Rapace, dès qu'une information l'intéressait, il se projetait, le torse en avant, le men-
ton sur les mains, et on lisait dans son
regard le reflet de son génie. Sa fille, Christina, portait jusqu'à la caricature son far-
deau de pauvre petite fille riche. Le seul
personnage attachant était son fils
Alexandre, jeune homme mélancolique,
gentil et solitaire, aux amours contrariées,
manifestement écrasé par son père. La
vraie passion de ce garçon était l'hélicop-
tère. Ce week-end-là, il nous pilota, tout
heureux, jusqu'au temple de Bassae, lieu
magique au centre du Péloponnèse. Il se
renfermait dans la timidité et l'ennui dès
qu'il avait mis pied à terre. C'est ainsi qu'il
mourut, à vingt-deux ans, son appareil fracassé, près d'Athènes. Pour les Grecs, ce fut
quasiment un deuil national, et pour Onassis, comme une première mort. Il ne s'inté-
ressa plus dès lors qu'à la fondation qu'il
créa à son nom et dont Yanni devint le pré-

sident. L'ironie du destin voulut que, quelques années plus tard, couronné pour son travail à la tête des organisations humanitaires qu'il avait créées, Bernard, mon compagnon, reçût des mains de Yanni, qu'il ne connaissait pas encore, l'un des prix de la Fondation Onassis...

À Paris, dans le salon très sombre de l'avenue Henri-Martin, tendu de velours parme, alourdi de mobilier Napoléon III, l'effigie d'Alexandre dans son cadre d'argent était barrée d'un crêpe noir, et une flamme brûlait en permanence dans un photophore carmin. Sur chaque guéridon, des photos d'Aristote Onassis témoignaient d'une passion dévorante et inassouvie. Depuis des années, Maria Callas en portait le deuil et vivait ainsi, recluse dans son crépuscule. Quand je la persuadai d'accepter le portrait que voulait faire d'elle *Sixty Minutes*, elle n'était plus au faîte de son art, mais sa gloire et sa renommée étaient immenses. Elle m'impressionna, raide et presque gauche avec son très long cou qui émergeait d'une chasuble informe, et ses grandes mains qu'elle croisait sur ses épaules comme un cygne ses ailes. Vainement elle se protégeait de ces ombres qui partout la poursuivaient : les rôles qui l'habitaient encore, les partenaires qui chaque fois étaient censés l'avoir trahie, et surtout l'homme qui l'avait délaissée, lui préférant une autre héroïne de moindre stature, mais de plus grand éclat. Dans la pénombre, assise très droite, l'œil à l'affût maquillé jusqu'aux tempes, elle semblait l'attendre, ou alors guettait-elle encore les salves d'applaudissements et les regards éperdus de ses admirateurs ? La Callas, sur laquelle veillait une poignée de fidèles jaloux, dont sa secrétaire et pianiste, se produisait désormais avec parcimonie, ne donnant plus ici ou là que quelques récitals. C'est ainsi que je la suivis à Berlin où nous l'avons filmée face à une salle cruelle, avide d'observer la déchéance de son idole, et qu'elle éblouit une fois encore, d'un coup de reins, retrouvant dans sa voix les ressources d'autrefois. Aux questions plates et presque embarrassées que nous lui posions, elle n'avait plus rien à répondre. Elle mourut peu après, dans la plus grande solitude.

Chaque fois que je passe avenue Henri-Martin, je m'incline devant son ombre, retrouvant dans l'air les effluves lourdes et accablantes de son parfum.

La Grèce est ainsi, lourde et accablante, noire comme la Méditerranée quand elle ne vous étourdit pas de ses bleus trompeurs. J'y ai appris beaucoup sur le désespoir et la gaieté des hommes, la force et l'opiniâtreté des femmes vêtues de sombre. J'y ai noué des amitiés aussi tenaces que l'olivier. J'y ai vécu des étés de bonheur, de rires et de vin frais, naviguant d'île en île sur des rafiots de toutes tailles, réveillant des fantômes, traquant des statues, pourchassant des ruines sur lesquelles reconstruire nos palais imaginaires. Yanni était l'ordonnateur de ces munificences, leur grand prêtre au rythme de nos musiques sacrées où se rejoignaient Bach et Mahler. Il oubliait ses désillusions dans nos regards heureux, distillant légèrement sa science de la vie, et nous allions ainsi, allègres et graves, gavés de tant de beautés offertes, vers nos besognes, nos ambitions et nos amours. Maintenant qu'il repose, serein enfin, parmi ceux qu'il a aimés, dans le cimetière baroque d'Athènes où des servantes en noir époussettent encore les tombes et où l'on vient, les jours de fête orthodoxe, manger des gâteaux fades, je lui dis encore ma reconnaissance et ma tendresse.

VII

Il maestro

« *Piccolina*, "viens voir comme l'eau à la source est plus claire"... Tu te rappelles ce dialogue entre la jeune fille et Marcello ? »

Je ne m'en souvenais guère, mais je faisais tout comme. Le maître avait voulu faire une pause. Il avait hurlé tout son soûl contre ses assistants, contre la scripte, contre la production, contre le chef opérateur, contre les machinistes, contre tous ces chiens et leur mère, puis, m'apercevant figée comme les autres, attendant que le grain passe, il m'avait demandé de sa voix de tête et de miel, surprenante dans un aussi grand corps : « *Piccolina*, tu m'emmènes faire un tour ? »

Les autres m'avaient regardée d'un œil torve et nous étions partis, sa lourde main sur mon épaule. Oh, pas bien loin ! Le maître n'aimait rien tant que Cinecittá et son grand plaisir, dans les moments où l'inspiration lui cherchait querelle, était de rouler lentement dans les allées mussoliniennes bordées de décors, croisant des figurants dans leurs costumes de circonstance, longeant des studios aux panneaux entrouverts qui révélaient, inutiles, les vestiges en contreplaqué de films déjà oubliés.

« *Piccolina*, tourne autour de la fontaine... »

Nous fîmes plusieurs fois le tour de la fontaine de stuc qu'on avait posée là, à un croisement, et qui avait survécu au tournage de *Huit et demi.*

« Tu la reconnais ? »

Oui, je la reconnaissais et je conduisais, pétrifiée de bonheur. Le maître m'avait pris la main, et il y avait dans son geste comme un abandon, une confiance qui m'engourdissaient.

« *Piccolina*, rentrons à la maison... »

Après un périple qui me parut long comme une histoire d'amour, mais ne représentait jamais que quelques centaines de mètres, je ramenai Fellini sur le plateau où, depuis plusieurs jours, il tournait *Les Clowns*.

« Allez, bande d'idiots ! Au travail ! En place pour la scène du bal ! Norma, ma chérie, dis-moi où nous en sommes. »
Chacun avait repris sa place et son utilité. Le maître empoigna son porte-voix et ne m'accorda plus aucune attention pendant deux jours. J'avais à mon tour succombé à la magie de Fellini et j'étais entrée dans son univers ; je n'avais plus pour lui d'autre intérêt. Il avait élargi sa famille, et c'était déjà pour moi un privilège. Comme je tentais de faire bonne figure, les autres m'encourageaient, avec la grâce des Italiens, chacun à sa manière : une plaisanterie, un baiser, une tape dans le dos. Je ne les menaçais plus dans l'affection du maître, je faisais désormais partie des leurs.
Je découvris ainsi la vie d'une tribu de cinéma, ses servitudes, ses solidarités et son code particulier. Vivant ensemble de film en film depuis des années, il y avait là Norma, la scripte, belle femme ronde et brune, Danilo, le décorateur, qui suivait Fellini depuis ses débuts, Maurizio, l'assis-

tant empressé et grassouillet, au cœur d'artichaut, qui aurait voulu voler de ses propres ailes et n'y parvenait pas, Tonnino, le bel opérateur, Mario, l'attaché de presse qui n'aimait que les grands bruns brutaux, Liliana la scénariste, figure de l'intelligentsia romaine, Nino Rota, le musicien, le frère, et le gentil Mastroianni que le maestro aimait comme son double.

À chaque tournage, tout ce petit monde reprenait vie, oubliant dans le soulagement des retrouvailles les chamailleries et les brouilles du film précédent, racontant les dernières blagues, les potins, courant la campagne autour de Cinecitta à la recherche du meilleur risotto. Les ripailles étaient gaies, sauf quand le maître se mettait au régime, ce qui n'était jamais bon signe. Giulietta était passée par là, avec sa mine chiffonnée de *La Strada* malgré son attirail rupin : tailleurs de prix et sacs en croco. Elle s'efforçait toujours de ramener son grand homme aux napperons de dentelle de la maison de Fregene, près de la mer, aux meubles cirés du sombre appartement romain de la via Margutta, aux usages et aux convenances de cette petite bourgeoisie de province dont il était issu et qu'il brocardait avec une tendre férocité.

Il maestro

Devant la Massina, Federico faisait la moue, mais il filait doux, réservant ses ardeurs pour une autre vie, un autre amour dont même les intimes ignoraient l'existence : une femme opulente sortie de ses croquis les plus libidineux, qui, à sa mort, s'est vengée de leur secret en vendant leurs souvenirs aux magazines...

Fellini détestait être seul, mais il n'aimait pas les autres, leurs cigarettes, leurs bavardages, leurs bruits, leur ordinaire. Il était dictatorial, câlin, taquin, cabot et volontiers cruel. Il savait sa mesure et sa démesure. « *Piccolina*, aimait-il à dire, comment peux-tu supporter d'être aussi près d'un génie ? » Le génie était prodigue et obstiné, n'écoutant que son instinct, cherchant inlassablement dans les coffres de ses producteurs et dans les archives des imprésarios de quoi assouvir ses fantasmes, son goût des monstres, représentations ultimes, selon lui, des turpitudes humaines, dépositaires de la poésie et de l'innocence. Débordant de ses poches, il y avait toujours des carnets, des feuilles, des bouts de nappes de papier sur lesquels il croquait en couleur une gueule, une grimace, une attitude, retrouvant là son premier emploi de caricaturiste. Il aimait les embouteillages et les gestes de Rome. Parfois, sur le chemin de Cinecitta, près de la gare centrale, il ordonnait au chauffeur de tourner encore et encore autour de la place, et il s'extasiait du fond de sa limousine, voyeur et démiurge.

Au moment du tournage, souvent sans scénario clairement découpé ni même écrit, la tribu fellinienne reprenait ses marques, chacun auprès du maître jouant un rôle qui allait bien au-delà de sa fonction officielle. À Norma, la scripte, revenait le privilège de lui masser les épaules ; à Poupi, un gnome fétiche qui était de tous les films, celui de lui apporter à boire. Seule Liliana pouvait s'asseoir à ses pieds et lui suggérer changements ou inflexions, travaillant sur les dialogues alors même qu'il les tournait.

Les bons jours, c'était aussi ma place, par terre, tout près : « *Piccolina, vieni aqui ! Vieni, l'Americana !* » grondait-il quand je tardais et qu'il moquait mon travail pour *CBS*. « Comment peux-tu supporter ces cons, ces laids, ces analphabètes ! Reste ici, reste avec nous pour toujours, pour la vie ! » s'exclamait-il avec emphase, guettant son effet.

Puis le tournage reprenait au bruit sec du clap et je l'observais, impérieux et séducteur, gesticuler sur le plateau, câlinant, vitupérant, le porte-voix à la main, moulinant des bras, le visage tordu de plaisir, bouche ouverte et œil arrondi, quand il obtenait l'effet qu'il avait escompté.

Il nous fit tourner une scène où nous jouions notre propre rôle, celui d'une équipe de télévision bornée, collante et bruyante qui traquait à contretemps ses héros. « *Tu sei una star, veramente !* » me taquinait-il, à demi songeur, ajoutant dans un éclat de rire général que je n'avais pas l'essentiel, les gros seins. « Il y a la chirurgie plastique, penses-y, on fait des miracles ! » ajoutait-il, et il riait de plus belle. Fellini n'aimait pas les femmes sans outrances, mais il n'était jamais vulgaire. De la scène, le montage ne garda pas grand-chose, juste un passage dans un couloir, mais l'idée germa dans l'imagination et les hantises du maître, jusqu'à l'inciter à tourner, quelques années plus tard, en pleine ascension de Berlusconi en Italie, *La Voce della luna*, une satire de la télévision commerciale.

Les Clowns, qui, ironiquement, était une commande de la *RAI*, ne fut ni un chef-d'œuvre ni un succès. Fellini entra dans une période d'amertume. Il n'aimait plus son époque, son universalité s'effaçait. Il tournait moins. La famille se réunit encore pour *La Cité des femmes*, puis, lentement, tristement, vieillie à son tour, elle se disloqua. Au gré des reportages et des voyages en d'autres univers, je retrouvai à l'occasion l'un ou l'autre avec l'allégresse, la tendresse de ces jours-là.

La dernière fois que je parlai à Fellini, ce fut au téléphone. Il m'avait observée de loin en loin sur la deuxième chaîne française qu'il captait parfois au hasard du *zapping*, y trouvant matière à conforter son mépris. Je tentai de le convaincre de m'accorder un entretien, mais lui trouvai la voix bien affaiblie.

« *Piccolina*, me dit-il, tu fais toujours la journaliste ? D'accord, tu n'es pas la pire. Mais pourquoi t'obstines-tu ? Réfléchis bien à ce que je te dis : il y a tellement de journalistes, il n'y a qu'un Fellini... »

Ce n'est qu'à la mort de Mastroianni, si beau, si indifférent et si gentil, que notre génération tressaillit et qu'on drapa de noir les statues de la fontaine de Trévi. Le génie engendre rarement la gratitude.

VIII

Le Patron

Certains l'appelaient Pierre. Dans son dos, ils le surnommaient « le Vieux ». Cela ne déplaisait pas à Desgraupes. Il aimait la saveur des mots, leur pesanteur. Ceux-là l'avaient connu dans une de ses incarnations antérieures, à la radio de l'après-guerre, quand il était rédacteur en chef du *Journal parlé* où sa voix posée, sa faconde et sa pointe d'accent faisaient merveille. Ou alors à la télévision, quand elle ne comptait qu'une seule chaîne en noir et blanc, qu'elle s'appelait l'ORTF et que retentissait le mercredi soir le fier générique de *Cinq Colonnes à la une*. Longtemps il y anima aussi, avec un autre Pierre, ami de prime jeunesse, *Lectures pour tous*. D'autres, enfin, l'avaient côtoyé au début des années 70, quand, patron de l'information télévisée sur la toute nouvelle deuxième chaîne, grâce au Premier ministre d'alors, Jacques Chaban-Delmas, il l'avait brièvement libérée du joug politique.

Pierre Desgraupes, tel le chat dont il possédait les mimiques, avait eu plusieurs vies. Comme il détestait la complaisance et ne l'envoyait pas dire, il n'avait jamais eu peur de l'exil où il fut à maintes reprises renvoyé. Il y remâchait son jugement sur les hommes et son mépris des pouvoirs. Puis il revenait à la tâche, maître-artisan à qui on avait rendu ses outils, remettant son œuvre sur le tour, regroupant ses compagnons, car il était fidèle, renouvelant leur cercle avec audace et exigence, car il recherchait le talent des autres. Peu se disaient ses égaux ; tous savaient leur dette.

Moi, je l'appelais « Monsieur ». Je l'ai connu en 1981, quand le pouvoir d'alors, fraîchement élu, l'a rappelé. Je terminais sur les rotules mon apprentissage du journalisme quotidien et de la radio. Responsable du Journal de 8 heures sur *Europe 1*, j'avais connu les réveils à 4 heures du matin, la traversée de Paris à l'aube sur ma petite moto, le dépouillement à tâtons des dépêches, l'organisation des bobinots, le climat macho et l'humour garçon-de-bain des équipes du matin sur lesquelles régnait, faussement bonhomme et vraiment sourcilleux, Philippe Gildas. Il nous empestait avec de mauvais cigares hollandais, n'avait pas encore déclaré sa flamme à Maryse, qui lisait la publicité de sa voix de velours, et donnait à la tranche du matin une pêche d'enfer.

Europe était alors une sacrée école, fière de son passé, et, sous l'autorité de Jean-Luc Lagardère et l'impulsion d'Étienne Mougeotte, soucieuse de maintenir sa réputation et son audience en matière d'information. Ce fut un endroit de choix pour vivre en direct ma première élection présidentielle à la française. J'étais, je l'avoue, décontenancée et sans doute encore bien innocente, après tant d'années passées à m'imprégner des méthodes professionnelles américaines. Ainsi la promiscuité de certains journalistes avec le personnel politique, leur engagement partisan plus ou moins maquillé, fluctuant au gré des sondages, et quelques retournements de veste spectaculaires me surprirent. Exigeant, rigoureux et fidèle, Alain Duhamel,

qui m'avait beaucoup poussée à rejoindre
la station dont il était déjà un des piliers,
me dispensa quelques leçons de choses.
Mais je ne voyais ni l'utilité ni même l'intérêt des grenouillages. Je n'étais pas sensible
aux frissons des intrigues, aux gargouillis
des petites phrases, aux fumets des fausses
confidences. Je ne le suis toujours pas.
Cette forme d'indifférence m'a, depuis,
joué quelques tours. Elle m'a rapprochée
de Desgraupes.

Lasse des levers à l'aube qui donnaient la
sensation de vivre en décalage horaire permanent, fatiguée des bavettes-beaujolais
après le turbin, à l'heure du petit déjeuner,
qui menaient tout droit à la cirrhose, j'avais
envie de retourner à la télévision et je lisais,
admirative, les quelques portraits que la
presse consacrait au pionnier de *Cinq
Colonnes*. Comme tous ceux de ma génération qui avaient découvert le petit écran
avec cette émission, j'en avais gardé
quelques souvenirs forts, mais ma bifurca-
tion américaine m'avait vite éloignée du
journalisme français. Ne faisant partie
d'aucune chapelle, d'aucun clan ni d'aucune famille, je n'y connaissais pas grand-
monde. Je lus quelque part que Desgraupes
passait ses premières brèves vacances de

président d'*Antenne 2* dans sa maison d'Antibes. Je me trouvais à quelques kilomètres de là. Son numéro figurait dans l'annuaire de la région. Deux jours durant, tourmentée d'envie et de timidité, j'ai tourné autour du téléphone puis, un matin, j'ai appelé :

« Bonjour, monsieur. Pardon de vous déranger... Je m'appelle... »

Un silence. Bourru, il grommelle :

« Je vous connais. J'ai vu vos reportages sur la *Trois*. Et j'écoute *Europe*. Je n'aime pas votre voix à la radio. »

Charmant ! Décontenancée, j'insiste :

« J'aimerais travailler avec vous. »

Silence.

« Ici, je ne veux voir personne. Téléphonez-moi à Paris dans quinze jours. Mon assistante s'appelle Christine. Comme vous. »

Et il raccroche.

C'est ainsi que Pierre Desgraupes a changé ma vie.

« Et si je vous donnais le "20 heures" ? »

Le Patron ne me regarde pas. Il fourrage dans ses tiroirs, à la recherche d'un briquet, l'inévitable Marlboro pendouillant au coin de sa bouche. Il marmonne, lunettes bas sur le nez, sans paraître me prêter la moindre attention.

Dans les quelques propos que nous venons d'échanger, je n'ai guère brillé, balbutiant, rougissante, des banalités sur le métier. Pourtant, je me sens étrangement en confiance avec cet homme-là.

« Christine ! »

Il rugit, je tressaute. Ce n'est pas moi, c'est l'autre. Sa secrétaire entre, sourire en coin, charmante.

« Mon briquet ! »

Elle déniche le lourd Dupont sous une pile de manuscrits.

« Voilà, patron ! »

Elle ressort en me lançant un clin d'œil d'encouragement.

« Qu'est-ce que je pourrais lui faire faire... ? »

Desgraupes poursuit son soliloque.

« Ça vous dirait, le "20 heures" ? »

En obtenant ce rendez-vous, en entrant dans son bureau, je n'y songeais même pas. Platement, je réponds :

« Oui, monsieur. »

Le silence s'installe. L'œil qui frise, arrondi par des sourcils circonflexes, le cheveu rare et lustré, la voix sourde et précise, la lippe gourmande, avec cette façon qu'il a de s'humecter sans arrêt les lèvres, le patron se regarde les mains, qu'il frotte avec application l'une contre l'autre.

« Je vais réfléchir. Rappelez-moi. »

L'entretien est terminé. Performance nulle, résultat incertain. Le cœur en montagnes russes, je sors des locaux sombres de la rue de Montessuy qui abritent provisoirement la direction de la chaîne. Quelle idée d'être venue là sans discours, sans projet, sans proposition !

Au téléphone, quelques jours plus tard, Desgraupes se montre plus laconique encore :

« Venez. On va bien voir. »

Un mois plus tard, je fais mon premier « 20 heures ».

Non que j'y fusse le moins du monde préparée. Le directeur de l'information de l'époque, charmant et volubile, qui avait pour manie, à défaut de croupes féminines, d'asséner de grandes claques sur les cloisons des couloirs, déclarait à qui voulait l'entendre que j'étais la dernière lubie du patron et que je ne durerais pas la semaine.

Jamais une femme n'avait réussi l'exercice-roi de l'information télévisée. Pas de raison que je fisse exception à cette règle qui consacrait le règne sans partage de l'idéal masculin : façon homme mûr sur la *Une*, avec le regard profond de Roger Gicquel, façon romantique sur la *Deux*, avec un jeune homme charmant nommé Patrick Poivre d'Arvor. Pas de raison non plus qu'on m'aide, qu'on me forme ou qu'on m'entraîne. Toute à ses passions politiques du moment et aux règlements de comptes qui avaient agité l'été 1981, la rédaction m'avait vue arriver avec indifférence. On m'avait adjoint, comme à la corvée, un rédacteur en chef fantasque et brouillon qui m'adressait à peine la parole, vu ma fin prochaine. J'avais droit à une table dans un recoin du bureau du présentateur-vedette, lequel avait sur le sien son propre buste et regardait naturellement d'un œil ombrageux cette incursion dans son territoire.

Habitée par une parfaite inconscience ou par une forme d'innocence qui confinait à la stupidité, je me retrouvai donc, un soir d'octobre 1981, à quelques minutes de l'antenne, à demander dans les escaliers de Cognacq-Jay le chemin du studio. On ne me l'avait jamais montré.

J'eus droit, en direct, à deux invités. Un seul, dans le temps imparti au Journal, eût été déjà difficile à gérer. Sur le plateau, je me présentai au chef de la nouvelle opposition, qui s'appelait Jacques Chirac. De l'autre côté, un filandreux représentant du Parti communiste, qui venait d'accéder au gouvernement. Je vins à bout de mon premier JT dans le plus complet brouillard. L'oreillette n'existait pas encore, qui permet de guider les présentateurs à partir de la régie et, bien évidemment, j'avais débordé. Je remontai du studio dans un silence compact, et fis face aux vociférations du directeur qu'arrêta net la sonnerie du téléphone.

« Ah, me lança-t-il, le ricanement mauvais, c'est le Patron ! »

Il lui répondit par onomatopées et raccrocha, visiblement dépité.

« Il dit que ça va pour ce soir. Salut... »

Et il tourna les talons, non sans lancer quelques bourrades aux cloisons. J'avais survécu à mon premier « 20 heures ».

Je n'eus aucun signe de Desgraupes pendant plusieurs semaines. C'était bien dans sa manière. Je reconnus sa voix au téléphone, une fin d'après-midi :

« Ce n'est pas trop mal... Mais ne croyez pas que c'est arrivé. Ce n'est jamais arrivé. Seuls les meilleurs le savent : il faut toujours recommencer. » Une pause. « Si on vous embête, hein, mon petit, vous me le dites ! »

J'appris alors la saveur des « Hein, mon petit » qui ponctuaient parfois son discours et qui étaient, chez lui, la seule marque d'affection qu'il s'autorisait.

Pendant les quelques années où j'eus l'honneur et le bonheur de faire partie de son équipe, je le vis peu. Il savait se faire rare. Il savait aussi se taire. Je compris comment il forçait le respect dans un milieu professionnel qui le réclame toujours et ne l'entretient guère. Craint, parfois détesté, il ne cherchait pas à se faire aimer. Parce qu'il ne quémandait ni l'adhésion ni la flatterie, et qu'il poussait l'exigence jusqu'à la manie, il suscitait chez ceux qu'il distinguait un attachement à vie, une passion jalouse et une indulgence qui confinait à l'attendrissement. « Comment il va ? » Nous étions ainsi quelques-uns, à chaque étage de la maison, à nous poser chaque matin la question, comme un code familial. Adoubés par Desgraupes, nous nous reconnaissions alors comme tels, et il en est ainsi aujourd'hui encore. Il confortait en nous, vivaces jusqu'à l'arrogance, la fierté du métier et le sens de la tribu. Protégés par ses bougonnements, par cette façon bien à lui de ne jamais retourner les coups de téléphone emmerdants, surtout ceux des hommes politiques qu'il traitait volontiers de noms d'oiseaux, il nous épargnait les intimidations, les jeux d'influence. Pour ce qui importait, c'est-à-dire le boulot, il nous aiguillonnait de ses silences, de ses sarcasmes, et beaucoup plus rarement d'un compliment. Quand on l'espérait, pour avoir réussi un coup, une bonne interview ou, pis encore, un bon score d'audience, on en était pour ses frais. Desgraupes considérait que l'effort était chose normale et le succès sans intérêt particulier. Et puis, au détour d'un couloir, au gré d'une rencontre de hasard, il vous lâchait : « Bon, ce n'est pas trop mal. » Et il tournait aussitôt le dos.

Desgraupes avait horreur des platitudes et des réunions. Ses fidèles le déchargeaient au mieux de la routine. Il préférait les tête-à-tête et les discussions à bâtons rompus. L'âge avait développé en lui le flair et le palais. Il savourait le talent des autres, il savait le déceler, l'encourager, l'épanouir, l'affermir, le faire valoir, et le sien s'en trouvait accru d'autant. Il avait cette générosité et cette intelligence-là, une invention jaillissante et iconoclaste, ce don de liberté qui, au début des années 1980, attirèrent à *Antenne 2* Lescure et Breugnot, Labro et Chabalier, Pivot et Bouvard, Wiehn, Karlin et bien d'autres. Ce fut pour la chaîne une sorte d'âge d'or, et, pour ceux qui en furent et qui s'en souviennent, le commencement d'une nostalgie.

Moi, je continuais à l'appeler « Monsieur ». Je lui vouais une confiance sans partage, ne voulant voir en lui aucune part d'imposture, aucune compromission, pourtant inévitable, sans doute, dans cette forme-là de pouvoir comme dans toutes les autres. Je l'aimais.

« Président, pourquoi ne nous aimez-vous pas ? » lui avait lancé Patrick Poivre d'Arvor lors d'une rare réunion avec la rédaction sur le plateau du « 20 heures ». Furibard, Desgraupes n'avait pas répondu. Il vénérait le journalisme mais, pour les avoir beaucoup connus, nourrissait à l'égard des journalistes une méfiance qui n'était pas exempte de mépris. Maugréant, il était venu nous féliciter pour nos bons résultats d'audience. Soutenu par une programmation judicieuse, notre « Journal », pour la première fois dans l'histoire de la chaîne, était devenu le plus suivi des Français. Fidèle à lui-même, le Patron avait marmonné un maigre compliment, puis s'était livré, avec ses phrases courtes et précises, à une critique en règle de tous nos manquements. Il avait évidemment raison, même si, à l'égard de Poivre, qu'il n'appréciait guère et qu'il surnommait : « Le Condiment », il lui arrivait de se montrer injuste.

Desgraupes avait un foutu caractère. Autant dire qu'il en avait et qu'à le démontrer il mettait une certaine coquetterie. Il était bourru, méfiant, madré, malicieux, sentimental et volontiers grossier. Il détestait l'imposture, l'affèterie, la préciosité, et les dénonçait brutalement. Il n'aimait ni les discours, ni les intrigues, ni les mondanités. Bien qu'il ne fût pas grand et qu'il eût le geste vif, il y avait en lui du pachyderme. Il allait à son train, placide et anxieux à la fois, trompant dans le tabac et le whisky du soir l'angoisse d'être et de faire. Du métier il connaissait la fièvre et le doute. Par ses questions, il savait défricher les zones d'ombre chez son interlocuteur comme en lui-même. De son enfance bourgeoise et provinciale, de sa jeunesse enflammée par la littérature, il gardait une certitude et un remords : le remords était celui d'avoir déserté la philosophie pour des rivages moins cultivés, au point de garder sur son cœur, pliée dans son portefeuille, la lettre du maître qui l'avait formé et qui le félicitait de « faire journaliste » ; la certitude, elle, tenait à la nature de son rôle, à sa légitimité, à sa fonction d'éducateur public qui utilisait un instrument nouveau pour informer et distraire le plus grand nombre. Pour ce public-là, Desgraupes n'avait ni mépris ni condescendance. Il le prenait au sérieux, voulait le tirer vers le haut, le plus juste, le mieux dit, à commencer par cette dame de Saint-Léon, mercière de son état, qu'il s'était inventée, avec son complice Lazareff, et qu'il prenait sans arrêt à témoin de ce qui valait d'être expliqué, compris, apprécié.

Dans cette certitude-là Desgraupes ancrait farouchement sa liberté, une liberté d'homme et de citoyen, qu'il cultivait sans théorie, sans logorrhée, sans ouvrage à sa gloire, telle une vertu romaine et républicaine. C'est sur elle qu'il fondait son indépendance d'esprit et de comportement. C'est elle qu'il paya au prix fort, chassé de son poste tant par la droite que par la gauche.

Pour le sortir d'un jeu où, paraît-il, son pouvoir devenait trop grand et sa complaisance insuffisante, le gouvernement ne trouva rien de mieux, à la fin de 1984, que d'invoquer son âge, et modifia la loi dans ce but. Ce fut un beau gâchis. Pour la chaîne, une blessure mortelle ; pour nombre d'entre nous, le début des désillusions, voire du cynisme devant la nature profonde du système et du medium lui-même. Pour lui, ce fut une ultime source d'amertume. Elle perça jusque sous sa gouaille, dans les boutades et l'affection bourrue qu'il réservait aux fidèles, à ceux qui avaient encore envie, sans plus attendre de compliments, de forcer sa porte.

À sa mort, quelques années plus tard, c'est lui qui en fut couvert. On l'en aurait presque entendu ricaner tout seul. Il avait voulu être enterré sans éclat – et sans nous. Au cours d'une cérémonie assez pompier,

La mémoire du cœur

Dieu sait pourquoi à l'Église américaine de Paris où nous étions tous réunis, émus et gauches, devant une mauvaise photo du Patron, je lus avec Philippe Labro un court texte de Rilke*, son auteur favori :

« Les hommes ont pour toutes les choses des solutions faciles (conventionnelles), les plus faciles des solutions faciles. Il est pourtant clair que nous devons nous tenir au difficile. Tout ce qui vit s'y tient. Chaque être se développe et se défend selon son mode et tire de lui-même cette forme unique qui est son propre, à tout prix et contre tout obstacle. Nous savons peu de choses, mais qu'il faille nous tenir au difficile, c'est là une certitude qui ne doit pas nous quitter. Il est bon d'être seul parce que la solitude est difficile. Qu'une chose soit difficile doit nous être une raison de plus de nous y tenir. »

Un jour, alors que nous rentrions ensemble de New York où nous avions reçu un prix, il m'avait tendu un petit livre qu'il avait relu pendant une partie du voyage.

« Gardez-le, mon petit. Oui, oui, il est pour vous. »

C'était la *Lettre à un jeune poète* de Rilke.

---

* Rainer Maria Rilke, *Lettre à un jeune poète*.

IX

« Madame, monsieur, bonsoir... »

Le « 20 heures » représente le meilleur et
le pire du journalisme électronique. Tout y
est magnifié : l'impact, la popularité, le
talent quand il y en a, l'émulation, la
concurrence, les états d'âme, les grincements de dents et jusqu'aux froncements
de sourcils. Ah, l'importance du fronce-
ment de sourcil convenablement maîtrisé
pour signifier une réprobation muette, un
étonnement complice, un trouble fortuit,
une gravité feinte ! Bien des subtilités
passent ainsi par les capacités d'expression
du système pileux. La caméra agit comme
une loupe qui fouille au plus intime. Tout
se voit, tout se sent à l'antenne : la maîtrise,
le désarroi, l'ignorance, l'allégresse, l'indif-

férence et même la bêtise. La télégénie est une injustice et un piège. Tel visage peut mieux qu'un autre accrocher la lumière, sans nécessairement s'accompagner de la capacité de synthèse et d'écriture que requièrent, en principe, la mise en forme et la présentation du Journal télévisé. Tel minois, féminin ou masculin, s'il n'encadre qu'un regard vide, ne retiendra pas l'attention et ne remplira pas sa fonction, qui est d'assurer la médiation entre l'information et le téléspectateur.

On a beaucoup glosé sur le rôle des présentateurs, et certains confrères de la presse écrite s'y sont complus avec acidité quand la télévision en France ne comptait encore que trois chaînes et deux grands journaux. Aujourd'hui, la critique ne fait plus guère recette – à moins que le déferlement télévisuel n'ait eu raison des exégèses et des exigences. Il est vrai que le consommateur de télévision compose son menu à partir de plusieurs canaux et se détourne de plus en plus des sacro-saints carrefours que les chaînes classiques lui imposent. Le « 20 heures » s'est banalisé. Les deux journaux siamois de la *Une* et de la *Deux* cumulent beaucoup moins d'audience aujourd'hui qu'il y a quelques années. S'ils demeurent le produit-phare de l'information télévisée, ils ne bénéficient plus tout à fait de la même prééminence et n'exercent plus le même magistère.

Au début des années 1980, au contraire, l'information à la télévision était l'objet de toutes les attentions et, reconnaissons-le, de tous les soupçons. Il faut dire qu'elle revenait de loin : d'une vieille tradition bien française d'assujettissement au pouvoir politique. Hormis quelques parenthèses et de rares embellies où l'on retrouvait souvent la marque de Desgraupes, les journaux de l'ORTF reflétaient les vues et intérêts des gouvernements en place. Dès l'origine, ils étaient censés contrebalancer la puissance de la presse écrite, jugée globalement hostile, et corriger l'influence, exorbitante aux yeux des éminences gaullistes, de réalisateurs réputés majoritairement communistes. Dans la dichotomie entre création et information, dans la méfiance réciproque entre journalistes et saltimbanques, dans ce double musellement de la liberté d'expression se forgea, non sans épreuves ni crispations, une histoire qui n'était pas franchement glorieuse. À la différence de la *BBC* qui, dès sa naissance, avait attiré les meilleurs – créateurs, intellectuels, journalistes – et qui s'était ainsi créé une tradition de qualité et d'indépendance, l'ORTF, en matière d'information, était tout l'opposé d'une référence. L'élite des professionnels allait plus volontiers vers la presse écrite ou la radio. Le recrutement à la télévision était la plupart du temps d'ordre clanique, pour ne pas dire carrément partisan, et la souplesse d'échine y était un meilleur critère que l'ouverture d'esprit.

De cette sombre époque subsistaient bien des cicatrices, une stratification quasi géologique, où l'on retrouvait, figées, les marques de l'histoire politique et syndicale récente, et une autorité affaiblie par les changements incessants de hiérarchies toujours désavouées. Demeurait aussi le souvenir de quelques scènes célèbres comme celle où l'on vit un secrétaire d'État à l'Information, Alain Peyrefitte, expliquer lui-même en plateau, à côté d'un présentateur confit, la réforme du Journal télévisé : « Plus d'images et moins de bavardages ! » lançait-il, emphatique, mais non sans raison. Depuis lors, et en toute innocence, tous les directeurs de l'information – Dieu sait s'il y en eut ! – ne manquent pas de reprendre à leur compte ce genre de poncifs.

Refermant la parenthèse de la « nouvelle société » chère à Jacques Chaban-Delmas et à Pierre Desgraupes, le président Pompidou codifia la fonction de la télévision : elle devait, selon lui, être la voix de la France, ou plutôt celle du régime. Peu d'hommes politiques ont échappé depuis lors à la nostalgie de cette conception. La preuve a été pourtant abondamment donnée que la télévision, même sous tutelle, ne suffit pas à préserver, encore moins à sauver le pouvoir, qu'elle ne fait pas l'élection. Sinon, jamais un président ou un parti en place, quels qu'ils fussent, ne l'auraient perdue.

Au fil du septennat giscardien, de crispations en excès de zèle, l'emprise gouvernementale sur les chaînes publiques s'était durcie au point que leurs dirigeants, à tort ou à raison, l'incarnaient autant que le personnel politique. L'élection présidentielle de 1981 provoqua dans ce microcosme comme un tremblement de terre. Pour un directeur de l'information honteusement conspué à la Bastille, que de baronnies ébranlées, de protections éventrées, de plans de carrière bousculés ! D'aucuns, longtemps condamnés aux oubliettes ou relégués dans un placard, refaisaient surface ; d'autres, connaissant les ficelles pour en avoir ligoté les premiers, s'éclipsaient sur la pointe des pieds vers des refuges de circonstance. Le climat était odieux, les règlements de compte incessants.

Le premier gouvernement socialiste, conduit par Pierre Mauroy, nomma de nouveaux patrons à la tête des chaînes publiques et rappela Pierre Desgraupes de son semi-exil. Une fois celui-ci installé et ses équipes en place, la *Deux*, mieux et plus vite que la *Une*, se forgea une culture maison dont l'indépendance, sinon l'impertinence, devint le fondement. L'époque était propice. À ses débuts, le pouvoir socialiste se révéla suffisamment inexpérimenté et assez imbu des grands principes pour délivrer brutalement la télévision de ses entraves. La création d'une Haute Autorité de l'Audiovisuel, le renouvellement des hiérarchies, la recomposition des rédactions favorisèrent une liberté d'action et de comportement qui parut, un temps, sans retour.

L'indépendance est contagieuse. Même ceux d'entre nous qui affichaient une obédience partisane, à commencer par les

quelques journalistes communistes fraîchement embauchés, prirent vite goût aux
nouvelles règles du jeu. Ma formation américaine et mon désintérêt pour le brouet
politicien étaient si marqués que celles-là
me semblaient toutes naturelles. Desgraupes, lui, y trouvait son compte. Cet
apolitisme foncier, cette forme de naïveté
par rapport à la caste médiatique en place,
servaient sa stratégie : profiter du grand
chambardement politico-médiatique du
moment pour asseoir la crédibilité et l'indépendance d'*Antenne 2.* Je poussai dans
ce sens sans arrière-pensées. Cherchant
son salut, la rédaction embraya avec
ardeur. Le succès nous y aidait. Œuvrant
désormais pour le premier journal de
France, nous prenions du poids et de l'assurance. Autrement dit, nous travaillions
normalement.

Bientôt, on nous en fit reproche. Au
congrès socialiste de Valence, Paul Quilès
réclama des têtes pour que s'instaure enfin
une ère nouvelle. L'interrogeant en duplex
ce soir-là, je lui demandai tout naturellement des noms. Comme Robespierre, son
modèle, il ne répondit pas, mais l'épisode
déplut en haut lieu. Recevant le patron
d'une entreprise fraîchement nationalisée,

161

je lui reprochai à l'antenne de n'avoir rien à dire à son sujet. Cela fit, paraît-il, mauvais genre. En plein drame de l'« état de guerre » polonais, le ministre des Relations extérieures de l'époque, Claude Cheysson, exprima publiquement un déconcertant cynisme. Nous donnâmes la parole à ceux qui s'en indignaient, notamment à Simone Signoret et à Michel Foucault qui fit ainsi une rare apparition au Journal télévisé. Encore un mauvais point !

N'obéissant à aucune sujétion, nous avions le champ libre pour tenter d'élargir le prisme de l'actualité télévisée, l'alléger des contraintes institutionnelles, renouveler son contenu, retravailler sa forme. J'avais la chance, à l'époque, de faire équipe avec un excellent rédacteur en chef, Claude Carré, qui savait mieux que personne faire tourner la machine, masser les *ego* et talquer les épidermes. Dans toutes les rédactions, singulièrement à la télévision où les tempéraments s'échauffent et où les rivalités s'exacerbent plus vite qu'ailleurs, c'est un rôle clé que celui de grand frère. Carré s'y employait à merveille, compensant ma timidité et ma réserve naturelles à grands coups de bourrades dans le dos, de rires clairs, d'enthousiasmes et de convictions partagés sur la manière de nous acquitter de notre besogne. Claude devint mon ami et mon complice, et si les circonstances parfois nous séparèrent, elles n'entamèrent pas mon affection et ma reconnaissance à son égard.

Au début des années 1980, la technologie n'avait pas encore écrasé le médium. Les liaisons satellites étaient rares et chères. La prime à l'immédiateté était moindre, les chaînes d'information continue n'existaient pas. On pouvait encore, dans un Journal télévisé de trente minutes, en consacrer cinq ou six à un même dossier pour tenter de l'approfondir, rappeler un peu d'histoire, faire appel à l'expertise. On pouvait, dans l'écriture, tenter d'exprimer autre chose que les trois premières phrases de la dépêche d'agence qu'on entend indifféremment citer, aujourd'hui, d'une antenne à l'autre. On pouvait, malgré les limites du genre, employer un vocabulaire allant au-delà de trois cents mots. Certes, nos efforts étaient aussi imparfaits que nos compétences et que l'instrument lui-même, mais nous le maîtrisions à peu près. La tyrannie du direct n'avait pas encore asséché et stérilisé l'exercice – un plateau immatériel déconnecté du temps réel des événements qu'il relate, mais transmis en direct dans le « 20 heures », même si le journaliste n'a rien à dire. Les *reality shows* et autres « spectacles du réel » faisaient leur apparition, importés d'outre-Atlantique où mes amis se plaignaient déjà du mélange des genres et de l'invasion de l'*infotainment*, la dérive de l'information vers le divertissement.

Nous n'en étions pas là et avions collectivement le sentiment de travailler dans le bon sens. La rédaction en était fière. Les journalistes étaient dans leur ensemble de bon niveau, les techniciens souvent excellents. Le succès qui nous portait assourdissait les grincements, favorisait l'esprit de famille. Il suscitait aussi une forme d'arrogance, une espèce de mythologie interne qui furent bien lourdes à porter, par la suite, quand il n'y eut plus grand-chose pour les justifier.

Tous n'y trouvaient pas leur compte. Outre le lot habituel d'aigris, de jaloux et de mauvais coucheurs dont chaque rédaction doit supporter les nuisances, se posait un problème particulier, celui de Patrick Poivre d'Arvor. Petit prince de l'antenne, il avait régné sur elle sans partage, modelant son regard et sa voix au gré des faveurs et aléas du septennat giscardien. Habile, il avait su gommer ses attaches anciennes et s'en forger de nouvelles. Fort de son talent, de son charme et d'une incontestable dextérité, il supportait mal le partage des rôles, encore moins du premier d'entre eux. Comment lui en vouloir ? Les sondages d'audience, moins souverains alors qu'aujourd'hui, ajoutaient à la cruauté de son sort. Ne mettaient-ils pas à égalité, dès les premières semaines, le vétéran et la débutante, le séducteur et l'« Américaine » ? Ce fut pour moi une nouvelle leçon, jamais démentie, irremplaçable antidote à toutes les vanités télévisuelles : ne pas confondre l'impact d'un exercice et celui d'un individu, la performance collective et la popularité personnelle.

On l'admettra volontiers, notre coexistence n'était pas facile. Mais nous avions l'un et l'autre suffisamment d'humour et de bonne éducation, sinon d'intelligence de la situation, pour éviter le pugilat cathodique. Tel Narcisse, Poivre n'aimait rien tant que guetter dans l'œil de l'autre le reflet de sa propre splendeur. Cela le servit souvent et le perdit quelquefois. Sa manière d'être et de faire ne cessait de me surprendre. Il arri-

165

vait tard, passait beaucoup de temps à écrire de petits mots à l'encre violette. Grand, voûté, jouant de sa voix chaude et nasillarde, il savait mieux que personne, d'une moue ou d'un compliment, flatter ceux dont il avait besoin pour les oublier bientôt. Il n'aimait point s'encombrer ni s'appesantir. L'esprit de sérieux l'ennuyait. Pour viatique, il avait son bagout ; pour préoccupation, sa séduction. Avec quelques jeunes gens à la mode, comme Jean-Edern Hallier ou Brice Lalonde, il affectait à l'époque la posture romantique, écharpe au vent et sentiments en bandoulière. Il en jouait à l'antenne, n'hésitant pas, le cas échéant, à personnaliser son propos. Recevant ainsi la présidente de la toute nouvelle Haute Autorité de l'Audiovisuel, Michèle Cotta, il lui demanda, battements de cils et sourires entendus, si elle le protégerait d'un éventuel limogeage. Il ne détestait d'ailleurs pas jouer au martyr potentiel. Les vieux routiers en souriaient : ils l'avaient vu beaucoup à l'œuvre et en avaient conçu pour lui de l'admiration.

Je découvrais ainsi, du métier, un tout autre registre. Poivre et moi nous observions sans acrimonie, sans indulgence non plus. À force de cohabiter, rue Cognacq-

Jay, dans un bureau exigu et de partager beaucoup de secrets de fabrication, nous nous prîmes l'un pour l'autre d'une forme d'affection ironique. Mieux que de la tolérance, moins que de l'amitié, elle a survécu, bon gré mal gré, au fil des années et aux défis des circonstances.

On n'avait de cesse, pourtant, de nous dresser l'un contre l'autre. Comme nous alternions à l'antenne – chacun sa semaine et son équipe d'édition –, l'émulation tourna plutôt à l'avantage de tous, et la rédaction comprit vite qu'elle n'avait rien à gagner à nourrir une guérilla.

La presse, en revanche, nous guettait, et d'abord les magazines et les rubriques de télévision. Personnalisant le médium à outrance, s'intéressant rarement à son vrai fonctionnement, ceux-ci pratiquent tantôt l'encensoir, tantôt la médisance. Au sujet des présentateurs du « 20 heures », quelle production ! Les papiers se pèsent à la tonne... Par tempérament et expérience, je me réfugiais derrière le métier et son masque, refusant de parler d'autre chose, évitant toute incursion dans ma vie privée, me dérobant aux confidences, refusant photos et reportages dans mon intimité. Ma caricature y gagna de la consistance, celle d'une créature froide, dévorée d'ambition et de travail. J'en pris mon parti. Là n'était pas l'essentiel. Je n'ai jamais pensé que, dans ce métier d'images, la gestion de son propre personnage mérite autant d'attention que lui en accordent aujourd'hui certains de mes congénères. Pour l'avoir observé à propos d'autres femmes, je savais aussi que, par rapport aux confrères, l'exigence serait toujours plus grande, le regard plus acéré, la critique plus assassine. Je ne fis pas exception à la règle. Je savais l'engouement de la presse sans indulgence, je pressentais que je le paierais un jour au prix fort. Je ne fus pas déçue.

Poivre, lui, souffrait. Le surnom dont m'avait gratifiée *Paris-Match* – « la reine Christine » – semblait faire de lui un prince consort. Desgraupes n'était pas sensible à son talent ; pis, il lui était hostile. Il lui reprochait sa facilité, sa nonchalance, son personnage. « Poivre ? Ce n'est pas un journaliste, c'est un bonimenteur ! » s'exclamait-il avec férocité. Au bout de quelques mois, le Patron décida de me confier la rédaction en chef de tous les journaux du soir, celui de Poivre y compris. Pour ce dernier, la situation devenait difficile. La direction de la rédaction, assumée à l'époque par Pierre Lescure et Michel Thoulouze, s'efforça d'éviter les heurts et je m'abstins, avec tact, me semblait-il, de tout acte d'autorité. Rien n'y fit : Poivre se mit à chercher querelle, façon ORTF, instillant le soupçon politique auquel nous avions jusque-là échappé.

Lescure y était pour beaucoup. Venu de la musique et des *Enfants du rock* grâce à l'audace de Desgraupes, il s'était découvert depuis longtemps d'autres horizons que le journalisme et tempérait nos fièvres quotidiennes par son ironie. Il était trop sensible au dérisoire des situations et des personnes pour se prendre – et nous prendre – au sérieux. Il détestait jouer au directeur. Dans son bureau où il avait à portée de main une petite mallette métallique qu'il trimballait partout et qui débordait de médicaments – à l'époque, il était complètement hypocondriaque –, les discussions portaient plus volontiers sur les années 60 que sur le Proche-Orient. C'était rafraîchissant. La politique l'ennuyait. La gestion des humeurs aussi. Il avait envie, selon sa formule, d'« écrire sur une page blanche ». En l'attirant à *Canal +*, alors en gestation, à l'instigation de Desgraupes, André Rousselet lui en offrit l'occasion et allait y trouver son compte. Il nous manqua, mais Michel Thoulouze puis Albert du Roy assumèrent parfaitement la continuité.

Nous avions l'estime et la faveur du public. La *Une* tanguait, on la surnommait méchamment « le *Titanic* ». Les présidents s'y succédaient. Nouveau maître à bord, fin manœuvrier et homme à poigne, Hervé Bourges entreprit sans grand succès de me fabriquer un clone pour le « 20 heures ». Lors de sa nomination, Desgraupes l'avait piqué au vif en lui demandant de son ton faussement négligent : « Et vous, vous sortez d'où ? » Bourges allait s'en souvenir longtemps, et se venger à sa manière, florentine, de tous ceux qu'il associait dans sa mémoire à la morgue de son concurrent d'alors.

En matière de programmes comme d'information, le succès nous souriait. C'est le meilleur ciment des rédactions. Poivre trouva peu d'échos à sa grogne et finit par se lasser. Il démissionna. Nos relations, plus tendues qu'auparavant, ne tournèrent pas pour autant à l'aigre. Les ragotiers, qui nous pistaient, en furent pour leurs frais. Quand Poivre m'invita à boire un verre pour sceller notre entente, je fus surprise de trouver, tapi dans son ombre, un photographe. J'eus tort de m'en étonner et de lui faire ce jour-là des reproches dont nous souririons plus tard. Tacitement, nous continuâmes, même à distance, d'éviter les escarmouches. Choqué de se sentir moins aimé qu'à son habitude, il s'en alla animer un divertissement sur la *Une*, puis sur *Canal +*, traversant ainsi son désert. Pour l'avoir beaucoup observé, je n'ai cessé, depuis, de ressentir à son égard tantôt plus d'indulgence que d'autres, parfois plus de sévérité aussi.

Bernard Rapp assura avec flegme et élégance une succession difficile. Il nous arrivait de Londres où il était correspondant, ce qui lui allait comme un gant. Je ne le connaissais guère quand Desgraupes me demanda mon avis :

« Très bon, mais un peu raide et pas très rigolo !

– Et vous, me rétorqua le Patron, vous croyez que vous êtes rigolote ? »

Il avait raison. J'étais outrageusement sérieuse à l'antenne, réservant à Gillot-Petré et à sa météo quelques fous rires de fin de Journal. Je l'étais d'instinct autant que par conviction. J'ai toujours pris l'information pour un exercice sérieux, grave même. C'est ainsi que j'avais appris ce métier, en regardant faire quelques-uns de ses seigneurs. Ed Murrow ne faisait pas le pitre, et Cronkite non plus – qui, aux États-Unis, avaient tour à tour façonné des générations de télécastes. Tous ceux avec qui j'avais travaillé de près, Mike Wallace en tête, étaient convaincus de la légitimité, de l'importance de leur rôle, et ne le prenaient pas à la légère. Durant toutes ces années de route et d'apprentissage, je n'avais pas vu beaucoup de petits sauteurs. Ou alors, ces jeunes gens ne tenaient pas longtemps la rampe. J'étais imprégnée d'une autre culture journalistique, et je ne cherchais pas trop à me fondre dans celle que j'avais rejointe, plus subjective, plus souple, voire opportuniste.

On paie toujours sa différence. À cette rigidité acquise autant qu'innée s'ajoutait un handicap que je ne pouvais surmonter que dans l'excès : celui d'être une femme dans un exercice jusque-là réservé aux hommes. Pour parler de la guerre, de la politique, d'économie ou de littérature, et plus seulement de santé, d'éducation ou de mode, pour s'emparer enfin de ces territoires nobles si longtemps interdits, il fallait faire acte d'autorité, gommer le côté « petite blonde aux cheveux courts », en rajouter dans l'assurance du propos et de la pose. L'heure n'était pas aux minauderies et aux préciosités de jeune fille bien élevée. Il y avait un rôle à conquérir. Je m'y employai. J'ose croire que la tâche est devenue plus facile aujourd'hui.

La télévision a ses ivresses auxquelles il est difficile de résister, et les plus pernicieuses ne sont pas celles qu'on croit. La meilleure, la plus galvanisante, est celle de l'événement, parfois de l'Histoire, quand il vous est donné de vivre et de commenter en direct une insurrection à Gdańsk, l'effondrement du mur de Berlin, le sauvetage d'un enfant hissé du fond d'un puits. La puissance de l'instrument devient la vôtre. Que vous interrogiez Gorbatchev ou un malade du sida, Delon ou un routier en colère, c'est à vous de faire face, avec votre intuition, vos connaissances ou votre ignorance, votre charme et vos maladresses. Pourtant, vous n'avez que l'importance que vous confère – provisoirement – votre fonction. Ce dosage entre la personne et l'outil est le plus subtil et le plus imprévisible qui soit. Il fait la différence entre la fadeur et la fatuité, le creux et le relief, l'ennui et l'émotion, la distraction et l'intérêt. Moins encore que les autres, la télévision est un médium rationnel. Elle est tout autre chose que l'addition de ses attributs. Aucun télé-spectateur ne voit ni n'entend vraiment la même chose. Son attention est vagabonde. Il capte autant qu'il comprend. Sa subjec-tivité éclipse vos nuances. La télévision les exprime mal et ne fonctionne qu'au pre-mier degré. Elle grossit le trait et déteste l'ironie, la litote, le sous-entendu. Le regard de la caméra qui vous filme est aveugle. Il ne réfléchit pas ceux auxquels vous vous adressez.

J'ai été longtemps surprise et paralysée par la familiarité à sens unique qui s'ins-taure ainsi avec celui qui vous regarde et qui croit tout savoir de vous, de vos sym-pathies, de vos humeurs, de votre vie. C'est l'aspect le plus déroutant, le plus émouvant parfois, le plus insupportable souvent de cette fonction. « Qu'est-ce que vous faites ici ? » vous lance, au bord du reproche, le touriste de hasard que vous croisez à Venise ou au Yémen. « Tiens ! La speake-rine de la télé... Je vous voyais plus grande ! » Pour peu que vous preniez goût à ce genre d'apostrophes, vous êtes cuit. Vous changez de rôle. Vous êtes dupe de l'instrument, vous devenez son esclave. Vous avez, telle Alice, traversé le miroir. La réalité vous échappe. Que de fois n'ai-je pas surpris, dans l'œil de confrères ou de consœurs, ce reflet d'inquiétude à ne pas être aussitôt reconnus, fêtés, applaudis par leur cher public ! Que de soupirs n'ai-je pas entendus, exaspérés ou languissants, envers les contraintes de la célébrité ? Que de malheurs n'ai-je pas vérifiés, chez celles et ceux qui ont succombé à ses radiations et courent, haletants, derrière elle ? Je plains ceux qui tombent dans la mare sans y avoir été préparés. Et encore : quand on croit l'être, on ne l'est jamais assez ni tout à fait.

La star du « 20 heures » a sa cour avec ses mignons, ses majordomes, ses intrigues et ses poisons. On l'invite à Matignon, aux premières, aux projections, aux collections, aux vernissages. On lui propose d'animer colloques et conventions, d'inaugurer et de baptiser, de parrainer et de cautionner. On la prie et on la sollicite. On cherche sa faveur ou son attention, on quête son concours ou sa compromission. On l'applaudit, on la courtise, on l'achète, on en dispose, on persifle. C'est un rôle en vue : il a ses revers, ses chausse-trapes, ses ornières et ses fossés. Tout cela n'a plus rien à voir avec le journalisme.

Autant que faire se pouvait, je me tenais à distance. Moi, ce que j'aimais, c'étaient les conférences de rédaction au cours desquelles, deux fois par jour, chacun venait défendre ses idées, son service, ses projets ; c'étaient les coups d'audace et les coups de gueule, les éclats de rire et les bâillements, les tics et les trucs, cette zoologie d'un métier où rien n'est jamais possible tout seul. J'aimais jusqu'à l'inconscience qui nous grisait, abrités que nous étions par l'ombre portée de Desgraupes, protégés par notre succès, indifférents plus que nous ne le serions jamais, les uns et les autres, aux sautes d'humeur des pouvoirs. J'aimais le bruit des dépêches qu'on découpait encore à la main et que je classais par famille avant de les souligner au crayon rouge. J'aimais le rythme de ces journées dont les plages s'organisaient par rapport aux horaires de l'antenne, la complicité de toutes ces compétences enchevêtrées, des maquilleuses aux cameramen et au chef de plateau... J'aimais les quelques minutes qui précèdent l'antenne, l'affolement des grands jours, la lumière rouge qui s'allume au-dessus de la caméra, le rythme qui s'ins-

talle, les imprévus, les changements en
cours de route, la dépêche urgente qu'on
livre toute chaude, et aussi, tout simplement, la routine du travail convenablement
fait. J'aimais, le « Journal » terminé, la
conférence critique durant laquelle nous
échangions reproches et regrets dans la
fatigue de la journée écoulée, les ultimes
prises de bec, les derniers éclats de rire,
l'odeur et le silence des bureaux quand on
éteignait la lumière, l'apaisement quand
nous nous quittions sur le trottoir pour
aller vers nos intimités respectives tout en
sachant que, le lendemain, tout recom-
mencerait...

Voilà pourquoi, au risque de lasser, de
glacer, de passer pour une bégueule, une
duègne, une rabat-joie, un monstre d'ambition, un monument de rigorisme qui préfère les dépêches aux déjeuners en ville, je
me suis tant bien que mal accrochée à ce
métier, détestant ses faux-nez, ses carnavals
et ses mondanités, aimant ses exigences, ses
connivences, ses tensions et ses instants
d'abandon. J'étais heureuse et fière de diriger le « 20 heures », de l'équipe et de la
rédaction dont je faisais partie, fière de ma
chaîne et de mon Patron.

Quand le pouvoir politique du moment, lui reprochant son succès et son indépendance, entreprit de le limoger, je n'hésitai pas longtemps. Je claquai la porte. Laurent Fabius remplace alors Pierre Mauroy à Matignon. Les législatives approchent. Le pouvoir retrouve ses habitudes. Tout comme, sous la IVe République, Pierre Mendès France causait à la radio chaque samedi soir, le nouveau Premier ministre souhaite s'adresser aux Français tous les mois à la télévision. Il choisira la *Une*. Quant à la *Deux*, il est grand temps de lui faire entendre raison. Pour remplacer Desgraupes, opportunément atteint par la limite d'âge, il faut, selon le vocabulaire consacré, une personne sûre. L'avis de la Haute Autorité ? On le balaiera s'il n'est pas conforme. Michèle Cotta voudrait Janine Glandier-Langlois, qui a prouvé sa compétence à la direction générale de la SFP. Tant pis pour elles deux. Le choix de Matignon se porte sur un ancien journaliste, Jean-Claude Héberlé, distingué par les socialistes pour avoir, en d'autres temps, couvert le candidat Mitterrand. L'ironie de l'histoire voudrait que c'eût été contre le gré dudit journaliste, qui craignait alors pour la suite de sa carrière... Le voilà en tout cas rassuré

et récompensé. À la rédaction, quelques-
uns de ses anciens copains se réjouissent.
Mais, pour beaucoup d'entre nous, directeur de la rédaction en tête, cet épisode ne
nous dit rien qui vaille.

Albert du Roy est un sage, bon connais-
seur de la chose politique, soucieux d'équité
et d'élégance dans un milieu professionnel
qui cultive peu ce genre de préoccupations.
Nos communes origines belges nous ont
encore rapprochés, et j'aime le taquiner sur
sa pointe d'accent, surtout quand nous
sommes en plateau ensemble, à quelques
secondes de l'antenne. Invariablement, il
rougit et se met à pouffer.

Avant même de prendre ses fonctions,
Héberlé nous reçoit, tout sourire, Albert et
moi, pour nous convaincre de ses bonnes
intentions. Nous comprenons cependant
qu'il entend modifier la répartition des
pouvoirs au sein de la rédaction, changer le
chef du service politique, et d'abord m'en-
lever la rédaction en chef des journaux du
soir. Pourquoi, puisqu'ils marchent bien ?
Trop de travail, surtout pour une femme.
Ah bon ? Et le « 20 heures » ? Puisque je
suis, d'après lui, une « bonne présenta-
trice », je continuerai à assumer mon rôle à

l'antenne, mais sans avoir la responsabilité éditoriale du Journal. Ah bon ?

Nous n'allons pas demander notre reste. Je démissionne. Albert du Roy aussi. L'affaire provoque éclats et remous. Nous nous retrouvons un soir, flanqués de nos conjoints qui n'en peuvent mais, pleurant de rage sur la nappe d'un restaurant situé, ironie du sort, rue de Varennes, à quelques mètres de Matignon. Déjà les corbeaux croassent, quelques minables prédateurs se précipitent sur nos dépouilles. L'un d'eux, qui sévit encore, vient prendre possession de mon bureau sans attendre que je l'aie quitté. On me presse de toutes parts de crier au scandale politique, de jouer les martyrs, de gagner ainsi ma légitimité au sein du club, de rejoindre les rangs de l'opposition militante. On attend que je devienne enfin étiquetée, située, classée. Je m'y refuse à toutes forces. Si je démissionne, c'est pour des raisons professionnelles. Je n'entends pas travailler dans n'importe quelles conditions. Je n'accepte pas d'être punie sans avoir commis de faute. Je veux choisir mes patrons comme eux me choisissent. La liberté existe, même dans ce métier. Je découvre encore une fois que l'idée que je m'en fais ne rejoint guère l'acception la plus courante.

Las, que n'ai-je suivi la pente et respecté la norme, que n'ai-je politisé mon affaire comme les mœurs locales l'exigent ! Mes arguments ne portent pas. Ils déconcertent. Ils irritent. J'entends poindre à nouveau le reproche d'arrogance. Tant pis. Pour moi, c'est la fin d'un bonheur, et comme la perte d'une innocence.

X

Les monstres

Ce jour-là, j'avais trois rendez-vous : je devais prendre le petit déjeuner avec Robert Hersant, déjeuner avec Francis Bouygues, et, dans l'intervalle, revoir Jean-Luc Lagardère. Bardés de leur part de légende, ces trois hommes avaient bâti, chacun à sa manière, des empires et avaient été pris d'une même fièvre : chacun voulait sa télévision.

Le système étatique de l'audiovisuel éclatait enfin en France, et j'étais aux premières loges. À mes risques et périls : pour les journalistes et les animateurs condamnés jusque-là à la navette entre trois chaînes et plusieurs pauses-placards, l'explosion du marché bousculait les habitudes et libérait

183

des appétits. Les manœuvres que l'on pouvait observer en premier plan avaient tant de profondeur de champ, le billard tant de bandes, la partie tant de clefs et de ressorts qu'à moins de sombrer pour toujours dans la théorie du complot permanent, assez prisée dans la corporation, on en était réduit à se fier, en guise de radar, à sa seule intuition. En l'occurrence, il était difficile de ne pas se tromper...

Je ne voulais pas travailler pour lui. Il le savait, mais voulait l'entendre de ma bouche et, à cette occasion, m'observer.

« Pourquoi ne voulez-vous rien avoir à faire avec Robert Hersant ? » m'avait-il lancé, majestueux, savourant la troisième personne dont il usait volontiers pour lui-même.

Dès son entrée dans la pièce froide à lambris de l'hôtel particulier de l'avenue Matignon où il donnait ses rendez-vous, j'avais ressenti son magnétisme et la puissance qui se dégageait de sa personne. Comme je prenais mon élan pour lui répondre, au risque de renverser le mauvais jus d'orange, il m'interrompit d'un geste de sa main de prélat, très blanche :

« Je sais. C'est dommage. Vous êtes donc aussi convenue que les autres... »

Son regard gris flottait très au-delà de son interlocutrice de passage.

Bredouillant, je réussis à placer ma réplique. Quelle que fût l'admiration, réelle, que j'éprouvais pour le vrai patron de presse qu'il était, je ne pouvais me résoudre à accompagner, si modestement que ce fût, un itinéraire aussi contraire aux valeurs que ma famille m'avait transmises.

« Je n'aime pas le cynisme », jugeai-je bon d'ajouter.

Il éclata d'un rire bref :

« Eh bien, vous, au moins, vous ne serez pas déçue du voyage, quelle que soit la route que vous vous choisissez ! »

Il me raccompagna jusqu'au perron, sans mot dire, sans répondre non plus aux salutations de Jean-Marie Cavada qu'il avait embauché et qui me regardait passer, interdit.

« J'aimerais vous revoir. Tenez-moi au courant... »

Je ne revis Robert Hersant qu'une fois. C'était à l'hôtel Matignon, plusieurs années plus tard, lors d'une cérémonie des vœux à la presse où le Premier ministre, Édouard Balladur, très en verve, entouré de ferveur, sûr de son élection prochaine, piquait quelques saillies parmi un parterre de journalistes empressés. Hersant, qui venait là comme à Canossa signifier sa reddition au futur président de la République, était seul, adossé au chambranle d'une porte. Dans le brouhaha, à l'écart de la foule, il semblait isolé par un cercle de craie et promenait sur elle, hautain, son regard blasé. Je m'approchai.

« Bravo pour *l'Express*, me dit-il. C'est un peu mieux...

— M'accorderiez-vous un long entretien ? J'aimerais que vous me parliez de vos vingt ans... »

Je réalisais encore, pour la télévision, avec Philip Plaisance, une série de portraits intimistes explorant, à travers ceux qui ont marqué l'époque, la mémoire individuelle et collective.

« À la télévision ?

— Oui.

— Je n'aime pas la télévision.

— C'est grâce à elle que je vous ai rencontré... »

Il sourit brièvement. Il s'était, de justesse, retiré de *la Cinq*, qu'il avait revendue à Lagardère. S'emportant tout à coup, s'empourprant, il vrilla dans les miens ses yeux froids :

« Je ne vous parlerai pas. Et vous savez pourquoi ? Parce que je ne veux pas raconter de mensonges. J'avais vingt ans pendant la guerre. Je ne veux pas sacrifier à l'hypocrisie de l'histoire telle qu'on l'enseigne à mes petits-enfants : "Oui, mes chéris, c'est bien comme ça que tout s'est passé, la France a gagné la guerre, tous les Français étaient résistants ! Le Bien était de leur côté et le Mal de l'autre..." Quelle foutaise ! Ç'a bien été sur ce registre-là, non, les commémorations du cinquantenaire de la Libération ?

– À vos petits-enfants, vous avez raconté votre version ?

– Non. L'histoire officielle vaut mieux pour tout le monde. Même pour eux. »

Robert Hersant détourna son regard vers Édouard Balladur qui, à l'autre bout du salon, égrenait ses vœux pour la France. Notre aparté était clos. Diabolisé pour son passé de collaborateur, craint pour les réseaux qu'il avait su tisser depuis lors et pour les protections dont il bénéficiait jusqu'au sommet de l'État, passionné par ses journaux jusqu'à l'obsession, le papivore devait mourir quelques mois plus tard ayant maintenu jusqu'au bout son empire.

Hersant avait eu sa chaîne de télévision. Il aurait voulu la *Une*, on lui avait octroyé *la Cinq* pour services rendus à la nouvelle majorité que les législatives de 1986 avaient portée au pouvoir. Pour accommoder ses amis et ses banquiers, il avait même accepté de se marier, pour l'occasion, aux opérateurs précédents qui, eux, avaient été réunis par la gauche : Silvio Berlusconi et Jérôme Seydoux. Que de carpes et que de lapins, avec ou sans paillettes !

Quelques années plus tôt, grâce à Serge July, intime de Jean Riboud et de son fils Christophe, j'avais été brièvement associée à la gestation de la toute première *Cinq*. Riboud, le tout-puissant patron de Schlumberger, proche de François Mitterrand, n'avait pas réussi à déloger un autre intime, André Rousselet de *Canal +*, alors chancelant. Il voulait sa revanche. Pressé d'offrir, avant les législatives, deux nouvelles chaînes aux Français, quitte à ce qu'elles allassent à l'encontre de la morale culturelle énoncée par la gauche, le Président avait convaincu Riboud de faire affaire avec Berlusconi, proche de son ami Craxi, le chef du gouvernement socialiste italien. Berlusconi avait bâti dans la péninsule un empire considérable à base d'immobilier et de chaînes commerciales qui étaient la caricature du genre. Énergique, volubile, roublard et charmeur, il était prêt, pour dévorer le marché français, à mettre son chaperon rouge. À la mort de Jean Riboud, Jérôme Seydoux, héritier Schlumberger et dynamique patron des Chargeurs, prit la relève. Il s'interrogeait sur la place éventuelle de l'information sur la future chaîne. Dans le plus grand secret, en avion privé, nous étions donc partis pour Milan avec Christophe Riboud et Serge July. Berlusconi nous reçut, tous charmes déployés, dans sa gigantesque villa où les tableaux de maîtres étaient tellement ripolinés qu'on en venait à douter de leur authenticité.

Le contraste entre les deux « promis » était comique. D'un côté, Seydoux, le protestant, maigre, taciturne, le shetland bleu marine un peu râpé sous le veston. De l'autre, lustré, briqué, ajusté sur mesures dans un blazer de soie, le beau Silvio aux dents trop blanches. Concentrant son attention sur Jérôme qu'il n'avait rencontré qu'une fois, il ne voulait pas discuter, mais étourdir. Nous eûmes donc droit à un torrent d'adjectifs, à un tour complet de la maison, à une visite guidée de sa « Cité-TV », un énorme complexe de studios où des filles à poil et des garçons en smoking, sortis tout droit de la *Voce della luna* de Fellini, enchaînaient revue sur revue, l'air hagard. Au moment de prendre congé, il embrassa Jérôme, qui en fit presque un saut de carpe, puis il nous gratifia chacun d'un mot qui prouvait qu'il avait travaillé ses fiches. Me prenant les deux mains, il me scruta d'un œil froid et me lança, à l'italienne :

« Alors, c'est vous, la Ockrent ?... C'est bien ce qu'on m'avait dit : vous n'êtes pas très docile ! »

Sur le moment, je pris son épithète pour un compliment ; ce n'en était pas un dans sa bouche.

Berlusconi ne chercha jamais à me revoir ; ce fut réciproque.

Très vite, je choisis mon camp. Non contente de remettre en jeu les concessions de *la Cinq* et de la *Six*, la droite au pouvoir avait décidé de privatiser l'une des deux grandes chaînes publiques. Après mon départ d'*Antenne 2*, j'avais trouvé refuge avec bonheur auprès de Philippe Labro, à *RTL*. La première radio de France a toujours su cultiver le sens de la famille. À la demande de Desgraupes, Philippe avait un temps présenté le « 13 heures » de la *Deux*. J'avais pour lui de l'admiration et de l'affection que le temps n'a fait qu'affermir. Sur *RTL*, j'assurais l'interview du matin, juste avant le Journal de 8 heures, assistée d'une jeune personne à l'esprit vif et affûté, Laurence Haim, vite devenue ma petite sœur en journalisme et dans la vie. L'exercice était intéressant, éprouvant parfois, mais ma vraie patrie n'en restait pas moins la télévision.

La grande bataille allait se livrer autour de *TF1*. L'appétit conquérant, le sourcil en bataille, Jean-Luc Lagardère, mon ancien patron d'*Europe 1*, formait ses équipes et me demanda d'en faire partie. Avec l'accord de Jacques Rigaud, l'administrateur de la *CLT*, habile, têtu et policé, qui allait bientôt réussir à reprendre la *Six*, j'accourus.

Il faut dire que j'étais en terrain d'amitié et de confiance. Je retrouvais là Yves Sabouret, qui menait le jeu et que j'avais connu étudiant, lui à l'ENA, moi à Sciences-Po. À ses côtés Étienne Mougeotte, qui m'avait confié le journal-phare du matin quand il dirigeait la rédaction d'*Europe 1*.

Nous nous mîmes à l'ouvrage sans trop d'inquiétude. Le prestige de Hachette, son patrimoine culturel, son savoir-faire journalistique n'étaient-ils pas de nature à balayer toute prétention concurrente ? Son président ne bénéficiait-il pas d'un entregent exceptionnel, lié à sa réputation industrielle, et d'une longue amitié avec le Premier ministre d'alors, Jacques Chirac ?

Jean-Luc Lagardère était déjà le patron le plus admiré des Français. Le poil noir, le sourire carnassier, l'allure sportive, il détonnait dans un milieu patronal volontiers gourmé. Lui, non sans coquetterie, affichait la simplicité, le goût du concret et le sens de l'équipe qu'il avait acquis loin des grandes écoles, dans des hangars de construction mécanique. Il aimait, impromptu, venir discuter avec ses « petits gars ». Il n'y incluait pas volontiers les femmes et elles devaient, sinon se faire oublier, du moins se faire pardonner. Mais il savait, comme personne, entraîner son monde.

Avec ardeur, sans doute aussi avec une certaine morgue, nous avions entrepris d'imaginer une chaîne commerciale ambitieuse, capable d'apporter ce « mieux-disant culturel » dont les pouvoirs publics avaient fait leur slogan et leur feuille de vigne. Dans ma partie, l'information, je travaillai beaucoup sur les expériences étrangères avec l'idée de mettre au point, comme faisaient déjà les Britanniques, des journaux et des magazines différenciés selon les horaires et les publics. Nous nous étions persuadés qu'il eût été malséant de contacter et faire travailler pour nous, officieusement, tous ceux qui, sur la première chaîne, de son président aux soutiers, auraient pu nous apporter leur concours et leur expérience. Nous étions à la fois sincères et naïfs. Nos rivaux n'avaient pas de ces pudeurs. Ils préparaient leur affaire en habitués des appels d'offres, découvrant vite l'art et la manière de s'attacher les faveurs des professionnels d'un secteur qui leur était jusque-là étranger.

Nous en prîmes conscience quand il était trop tard – le jour même de notre comparution devant la CNCL[1]. Notre dossier avait été compliqué par des problèmes financiers de dernière minute, mais Jean-Luc Lagardère croyait en Chirac et en sa bonne étoile. Des rumeurs commençaient à nous parvenir sur les étranges pratiques du concurrent ? Il n'en avait cure. Ce n'est pas un homme de combines, il aime faire confiance aux gens, ceux qu'il choisit et même ceux qu'il combat.

Dans le hall froid de la rue Jacob, résonnant encore de mille intrigues tout juste étouffées, nous affrontâmes donc, un vendredi matin, figés sur leur estrade, les membres de la Commission qui ne montrèrent à notre égard qu'un intérêt à peine poli. J'eus droit à une altercation avec l'un d'eux, chasseur notoire et académicien de circonstance, qui voulait débusquer et abattre les gauchistes infestant selon lui la rédaction de la *Une*. L'incident était grotesque, mais exprimait une animosité collective et palpable.

L'après-midi, bouche bée, nous suivîmes sur écran, en circuit fermé, l'audition de

---

1. Commission nationale de la Communication et des Libertés, qui avait succédé à la Haute Autorité de l'Audiovisuel. Son siège était installé rue Jacob, Paris VIe.

nos concurrents et les échanges, confondants de complicité et de tendresse, entre les arbitres des élégances télévisuelles et MM. Bouygues, Maxwell et Tapie. Entraînés par ce dernier aux grimaces de la séduction télégénique, *coachés* comme pour un match de foot, on voyait les deux ogres, qui se connaissaient à peine mais se valaient par leur masse, faire assaut de promesses et de mieux-disant en tous genres.

Le lendemain samedi, vers 13 heures, le verdict tombait : Bouygues achetait *TF1*. Sonnée, je me précipitai vers le petit immeuble de la place François-Ier qui nous servait de quartier général. Tout était fermé. Je tournais en rond, désolée, sur la place, ne sachant que faire, quand j'aperçus Alain Sussfeld, le producteur de cinéma, partenaire de notre équipe, qui avait eu le même réflexe que moi. Nous arrêtâmes nos voitures au milieu de la place, nous nous embrassâmes puis repartîmes, tels des âmes en peine.

Mougeotte était allé jouer au golf, Sabouret s'était mis sur répondeur. Lagardère s'était retranché dans son haras, cherchant consolation auprès de ses chevaux (du moins l'ai-je appris le lendemain dans le *Journal du Dimanche*). Le soir, j'eus droit

195

à son coup de fil. Le patron, le capitaine, le conquérant était un homme blessé. Il n'aurait de cesse de prendre sa revanche. Il en avait les moyens et l'indéfectible volonté.

Et nous ? Qu'allions-nous donc faire ? Sabouret dirigeait Hachette et Mougeotte y avait exercé des fonctions diverses. Il n'était pas dans la manière de Lagardère de leur faire payer le prix d'un échec qui était aussi le sien. J'étais, moi, sans attaches ni filet. J'avais, en toute amitié, rompu les ponts avec *RTL*. Où aller faire mon métier ?

Bouygues avait la *Une*, Hersant reprenait *la Cinq*. Quelque temps après l'attribution de *TF1*, ils m'appelèrent l'un et l'autre et me fixèrent rendez-vous pour la même date. C'est ce matin-là que je dis non à Hersant. Je devais ensuite déjeuner avec Bouygues. Je voulais recueillir auparavant l'avis de Lagardère. J'espérais, pour rester dans la famille, une proposition. Je le revis donc ce matin-là. Il se montra à la fois affectueux et indifférent, comme si la cicatrisation commençait à durcir sa blessure. Des propositions ? Il n'en avait pas. Le projet de quotidien qui s'élaborait en coulisses ?

L'équipe était formée mais, déjà, il n'y croyait plus. Pouvais-je aller travailler ailleurs ? Pas de problème, on se retrouverait un jour. Des conseils ? Non, il n'en avait pas. Et si Bouygues me faisait des offres ? Il tressaillit. Méfiance. Mais, après tout, la télé était mon métier. Que je lui en reparle avant de dire oui. Salut, ma petite Christine... On s'embrasse. C'est triste.

J'arrive en avance rue Saint-Didier, au pied d'un affreux immeuble moderne construit par Bouygues. Il y réside. De la voiture, j'appelle Mougeotte. À son ton, je comprends qu'il est en quarantaine. Je lui raconte mon entretien avec Lagardère, qu'il n'a pas revu, et mon appréhension à l'idée de me précipiter dans la gueule du loup.

« Tu es folle ! Quoi qu'il te propose, accepte ! Il paraît qu'il a promis l'information à Cotta. Il veut toutes les stars et toutes les signatures. Il a peur de Hersant. Tiens-moi au courant ! »

Chez Bouygues, la moquette est orange, comme le logo du groupe, et si épaisse que les pieds y disparaissent. On se croirait dans l'appartement genevois d'un prince arabe. Francis apparaît, bras ouverts. Il est grand, gros, et parle fort.

« Depuis le temps que je voulais vous embrasser ! » Il m'étreint sans que j'aie eu le temps de piper mot. « On vous admire beaucoup dans la famille, vous savez ! Alors, qu'est-ce qu'on va faire ensemble ? »

L'entrée en matière est directe. Francis déploie son charme, qui est considérable. Le sourcil arrondi, l'œil qui frise, la bouche en cœur, il joue au naïf ou au sourd quand une question le surprend. Il est redoutable et sûrement brutal. Il m'interroge sur l'information, le Journal télévisé. Je coupe court, je n'ai aucune envie de repiquer à l'exercice.

« Ah bon, mais le "20 heures", c'est votre fonds de commerce, votre *business* ! »

Dit comme ça, c'est clair, mais guère plus tentant. Mon expérience sur la *Deux* a été si intense, si heureuse, et sa fin si déconcertante que je ne m'en ressens pas de répéter le même scénario. Ce n'est pas l'apparence du rôle qui m'intéresse : jouer la femme-tronc, cela n'a jamais été pour moi une fin en soi.

Francis s'impatiente. Mon discours ne passe pas : trop compliqué, abstrait, emmerdant. Lui n'aime que le concret. La psychologie ne l'intéresse pas. L'image de Desgraupes me traverse l'esprit. Des années-lumière ont passé, on a dû changer d'univers et on ne s'en est pas encore rendu compte. Un silence s'installe, que rompt heureusement l'arrivée de Mme Bouygues. Elle est chaleureuse, silencieuse et sympathique. Nous déjeunons. Francis Bouygues avale ses écrevisses à grandes bouchées, manifestement contrarié. Je complique son dessein. Les animateurs qui faisaient partie, dans son esprit, des actifs de *TF1* sont en train d'être débauchés à prix d'or par Hersant. Il a besoin de têtes d'affiche.

« Bon, alors, qu'est-ce que vous voulez faire ? Je ne peux pas vous donner la direction de l'information : je l'ai promise à Cotta. Elle m'a bien aidé pour négocier la chaîne. Elle a des relations, c'est incroyable ! Et puis, il y a le problème de Poivre d'Arvor... »

Je comprends le schéma. J'entreprends d'expliquer que les rapports entre Patrick et moi sont bien meilleurs que ne le prétendent les journaux.

« Je ne vous crois pas. On ne peut pas être deux sur un marché. Il y en a toujours un qui bouffe l'autre. »

Catégorique, le Francis : les marchés, il connaît.

« Ah, vous êtes compliquée, vous !... »

Je sens bien que l'heure n'est déjà plus aux compliments. Une envie brutale me saisit de planter là ma serviette trop amidonnée et de fuir les travaux publics. Sa femme, souriante, intervient. On sent qu'elle exerce sur son mari une autorité tranquille.

« Voyons, Francis, elle ne te connaît pas, tu lui assènes tes idées, tu ne lui as même pas demandé si elle voulait venir travailler avec toi ! »

Il me regarde, interdit.

« Mais enfin, où veux-tu qu'elle aille ? »

Bien vu, mais pas franchement élégant. Piquée, je lui rétorque que j'ai vu Hersant le matin même. Patelin, il change alors de registre :

« Vous n'irez pas. Nous allons bien nous entendre. Vous avez du caractère. J'aime les gens à poigne. Vous connaissez Le Lay ? »

Je n'ai pas ce plaisir.

« C'est lui qui va contrôler Barret. »

Pierre Barret, ancien président d'*Europe 1*, sympathique et charmant, fait donc partie de la bande.

« Il y a aussi Labro qui veut venir. Vous le connaissez ? »

C'est mon ami et mon ancien patron. Je commence à me dire qu'il y a autour de ce marigot beaucoup de monde qui hésite à se mouiller les pieds.

« Je n'ai encore rien décidé. Difficile de juger les gens quand on ne connaît pas un métier ! On pourrait essayer de vous mettre comme directeur général adjoint. Ça vous irait ? »

Surprise, je réponds que tout dépend de l'équipe qu'il veut installer et des rôles exacts de chacun.

« L'équipe, c'est un bon mot. Vous connaissez quelqu'un de bien pour les programmes ? »

Je réalise que, derrière la candidature conquérante et si bien ficelée qui a séduit les instances qui nous gouvernent, il y a encore beaucoup de lacunes et d'approximations. Je cite le nom de Mougeotte. D'une écriture ronde et enfantine, Bouygues le note avec application.

« Revoyons-nous. Vous me plaisez. Et puis, hein, elle en a ! »

Rigolard, il se tourne vers sa femme qui me prend le bras comme pour me rassurer.

Je quitte l'immeuble Bouygues, ses marbres, sa fausse écaille de tortue et sa moquette orange. Je suis perplexe.

Dans l'après-midi, comme convenu, j'appelle Lagardère :

« Il me propose d'être directeur général adjoint... Je ne sais pas très bien ce que ça veut dire...

— Prenez, prenez, vous verrez bien. »

Il est pressé ; pour lui, la page est tournée.

XI

Le revers du décor

De bout en bout, *TF1* fut pour moi un épisode désagréable et la preuve qu'il est bien difficile, dans la vie professionnelle, d'échapper à un engrenage sans fin : celui de l'erreur.

Ç'avait été une erreur d'accepter, de la part de Bouygues, un rôle fonctionnel au sein d'une équipe dirigeante dominée par des ingénieurs des travaux publics avec lesquels je n'avais aucun langage commun. Une erreur encore de ne pas comprendre l'enjeu de la dispute de territoires que chacun se taillait sans vergogne, et la tactique de la direction du groupe, qui consistait à multiplier les chevauchements de frontières et de compétences pour éviter un front commun des saltimbanques. Une erreur aussi de panacher les genres en acceptant en outre d'animer à l'antenne une émission mensuelle, ce qui n'était pas assez pour assurer une présence de premier plan, mais suffisant pour entraîner son lot de préoccupations et de conflits, notamment d'ordre politique. Une erreur, enfin, de faire confiance à mes petits camarades sans prendre en compte l'univers de béton dans lequel s'inscrivait désormais l'évolution de la chaîne.

De tous les personnages qui, truelle à la main, préparaient le terrain pour y construire la première chaîne commerciale à la française, le plus caractéristique était évidemment le chef d'équipe, Patrick Le Lay. Ingénieur, breton, têtu, bosseur, glacial et soupe au lait : on ne savait trop, le découvrant, dans quel ordre classer les adjectifs qui lui convenaient. Il aurait fallu commencer par « tueur ». Tueur professionnel, qui trouvait même un certain plaisir à affiner ses méthodes, à les personnaliser selon sa proie du moment. Rapide et parfaitement cynique, quoiqu'il aimât en rajouter sur le chapitre des valeurs, du travail et de la famille, Le Lay compensait son ignorance du milieu et des usages par une brutalité qui n'était pas sans coquetterie. Il jouait sa carrière, qui avait été fulgurante dans le bâtiment et les travaux publics, et les barons du groupe, ses rivaux, guettaient, sarcastiques, ses premiers pas dans le strass, les paillettes et les chausse-trapes journalistiques. Visage de granit, bouche sans lèvres, regard sans couleur mais prompt à refléter ses humeurs, il apprenait vite, souvent aux dépens de ceux qui encombraient sa route. *Exit* Pierre Barret, qui s'intéressait trop à l'histoire des Croisades pour se consacrer à ce genre de duel et qui disparut peu après, emporté par la maladie. Bousculé, Marcel Jullian, qui avait servi de caution culturelle pendant la préparation de la candidature et qui pensait, avec la naïveté des créateurs, avoir encore un rôle à jouer. Banalisées, les stars de l'info et des programmes qui avaient échangé leur toute nouvelle valeur marchande contre de gros contrats et quelques flatteries passagères. Le Lay prenait le pouvoir.

Les premiers comités exécutifs, dans les locaux sinistres de la tour Montparnasse, furent étranges : champ clos des chocs culturels que subissaient les uns et les autres, théâtre des ajustements, des frictions et des apprentissages. Impétueuse sous sa crinière flamme, Pascale Breugnot, l'une des découvertes de Desgraupes, que Bouygues était allé débaucher à la *Deux*, apportait un peu de vivacité dans ce climat plutôt glauque ; mais elle n'allait pas tarder à s'adapter à son tour aux nouvelles règles du jeu. Il y eut bien quelques passes d'armes au cours desquelles nous nous trouvions invariablement dans le même camp, elle, Jullian et moi : celui d'une certaine ambition en matière de programmes et d'image de la chaîne. Invariablement, nos arguments butaient contre un mur, celui des chiffres – il fallait au plus vite amortir un investissement considérable –, mais aussi celui d'une sorte d'arrogance à rebours, volontiers beauf, celle des ingénieurs du BTP qui entendaient bien prendre leur revanche sur le petit milieu parisien. Ces frictions auraient pu être fécondes et sympathiques ; ce n'était pas le cas.

Je me sentais d'autant plus en porte-à-faux que Bouygues, sous prétexte que je parlais l'anglais, et sans y penser davantage, m'avait confié l'international. Le terme sonnait bien, la réalité était tout autre.

Le revers du décor

Frustré de se voir marginalisé sur l'essentiel, Robert Maxwell, encore considéré à l'époque comme un géant de la communication, avait obtenu que l'un de ses fils s'en occupât aussi. Ian était tout à fait gentil, terrorisé par son ogre de père, et n'avait pas beaucoup d'idées sur les questions qui nous réunissaient. Il y avait pourtant une stratégie à définir, mais Le Lay n'y accordait à l'époque aucune importance. Il ne s'en préoccupait que pour nuire à Maxwell. Celui-ci entreprit alors de me faire changer de camp.

Il m'invita un jour à prendre le thé au Ritz où il avait ses habitudes. Calant son énorme carcasse dans un faux fauteuil Louis XVI qui, du coup, faillit rendre l'âme, il me mit immédiatement le marché en main : je ferais une carrière vertigineuse au sein de son empire si je défendais ses intérêts à *TF1* et si je lui rapportais ce que tramaient « les autres ». Je souris à l'idée que se faisait Gargantua de mon importance dans le dispositif, et écoutai poliment la suite.

J'étais au spectacle. Avec sa voix de stentor, son rire tonitruant, son accent *british* matiné de celui des Carpates, le teint brique, le cheveu et le sourcil teints en brun

207

auburn, Robert Maxwell avait véritablement l'allure d'un ogre. Du village boueux de Ruthénie où il était né jusqu'à l'édification d'un groupe de presse et d'édition qui ne négligeait aucun ouvrage à la gloire des hauts dirigeants du monde communiste, l'itinéraire de Maxwell était tout en ombres et en mystères. Ne murmurait-on pas qu'il avait des liens avec le KGB et le Parti communiste d'Union soviétique ? Qu'il aurait ainsi, pour le compte d'Israël qui lui fit à sa mort des funérailles quasi nationales, facilité le départ des Juifs d'URSS ? Patron de presse qui s'affirmait de gauche et utilisait ses journaux populaires pour financer ses propres aventures, on le découvrit plus tard, avec les fonds de retraite de ses employés, Maxwell avait bluffé jusqu'au sommet du pouvoir socialiste. Fort d'une femme française, de moyens apparemment considérables et d'un entregent anglo-saxon qui impressionnait une caste locale à la fois arrogante et complexée, il s'était rendu indispensable et avait aussi séduit Francis Bouygues. Mais, entre ogres, la séduction ne dure que le temps d'arriver à la viande. S'arrogeant tous les pouvoirs, Bouygues marginalisa Maxwell comme les autres partenaires dont il avait un temps utilisé la réputation, tels les représentants du *Point*, du groupe Prouvost ou de la presse quotidienne régionale. Seul Tapie sut, à son profit autant qu'au leur, faire tourner la machinerie progressivement mise en place par les « Bouygues boys ». Face à eux, Ian Maxwell ne faisait pas le poids. Et je n'imaginais pas de troquer un dictateur pour un autre.

Nous avons vite tourné en rond, malgré la bonne volonté du tout petit service dont j'avais hérité. La vie quotidienne dans l'espace paysager où la direction générale de la chaîne s'était installée était plutôt pénible. Je n'étais séparée de Patrick Le Lay que par quelques plantes vertes qui, chez Bouygues, constituaient le summum de l'esthétique. Les mauvaises langues les disaient truffées de micros ; je n'ai pas soulevé les feuilles. Rien ne m'échappait, en tout cas, des éclats de voix du directeur général dont j'étais censée être l'adjoint, de ses colères et des crises de nerfs de ses secrétaires. Ce n'était pas très stimulant.

Heureusement, j'avais mon havre à Cognacq-Jay, dont les locaux vétustes abritaient encore la rédaction et les magazines de la *Une*. Là s'était installé Claude Carré, qui m'y avait suivie pour piloter l'ambitieux magazine que nous avions depuis longtemps envie de faire ensemble. Avec son allant coutumier, il animait une petite équipe plutôt joyeuse dont l'entrain tranchait sur la morosité timorée d'une rédaction soumise au nouveau régime. L'idée du *Monde en face*, neuve à l'époque, était d'instaurer en direct un dialogue entre des responsables de premier plan et des citoyens concernés par leur parcours et leur action. Quelques émissions furent vraiment réussies, à commencer par la première au cours de laquelle le président de la République accepta de discuter, entre autres, avec un malade atteint du sida. Le décalage des mots et des attitudes était édifiant, et l'émission, pendant ses quelques mois de vie, connut un certain succès.

Francis Bouygues, qui était fier de ses stars comme de ses propriétés, me manifestait de l'affection. Les signes qu'il en donnait étaient parfois surprenants et toujours bruyants, d'autant plus qu'il devenait dur d'oreille. Ainsi, lors d'une projection privée où je me trouvais à ses côtés, il me chuchota à grand éclat :

« Vous êtes tellement sympathique et

mignonne, comment pouvez-vous vivre avec un communiste ? »

Interloquée, j'entrepris de lui dire qu'il n'en était rien.

« Mais enfin, reprit-il de sa voix de stentor, ce Kouchner, j'ai vu sa fiche ! »

Les voisins, qui ne pouvaient perdre une miette de l'échange, se dandinaient sur leurs sièges. Je poussai du coude Bernard, gagné par le fou rire.

« Il n'a jamais été communiste, au contraire, vos fiches se trompent », lançai-je, sans avoir envie de lui expliquer la rupture qui survint entre le PCF et l'Union des Étudiants communistes après la guerre d'Algérie.

« Mes fiches se trompent ? Ça m'étonnerait ! » grommela-t-il avant d'adresser à Bernard son plus engageant sourire.

Je compris alors les connexions entre les BTP et les Renseignements généraux dont plusieurs anciens refaisaient ainsi carrière, et je vérifiai encore une fois le crédit qu'il convenait d'accorder à leur travail.

Quelles que fussent ses méthodes, Francis était infatué de son nouveau jouet. Il découvrait avec délectation l'univers sur lequel il avait entrepris de régner, mais il ne perdait rien de l'instinct, de la rouerie et de la brutalité qui lui avaient valu, dans son « métier de base », selon son expression favorite, d'accéder au premier rang mondial. Une fois passées les secousses de départ, financières et politiques, une fois les équipes installées, souvent de bric et de broc, Francis prit du champ, laissant Le Lay se débattre avec le quotidien et l'obligation de résultats, se réservant ce qui l'amusait, c'est-à-dire les vedettes.

Le spectacle de Francis Bouygues, président de *TF1*, à son premier festival de Cannes, valait le déplacement que nous étions nombreux, telle une cour, à avoir fait. Au premier rang, évidemment, Mme Bouygues, pas dupe, promenait autour d'elle un regard méfiant et amusé. Il y avait aussi Corinne, seule fille entre trois garçons, très proche de son père, sympathique, énergique et ambitieuse, qui comptait bien se faire, à la tête de la chaîne et de sa régie, la place à laquelle elle pouvait difficilement prétendre dans les milieux machistes des travaux publics. Le clan familial observait avec circonspection les journaleux, les bureaucrates et les amuseurs rivaliser d'ardeur pour poser à ses côtés. Les heureux élus eurent droit à une visite guidée de la propriété toute neuve que les Bouygues aménageaient sur le Cap d'Antibes, entièrement en stuc, en colonnades et en robinets dorés. Le soir, comme il se doit, la chaîne organisa, sur un bateau ancré en rade de Cannes, un de ces interminables dîners où tout le monde se presse pour se faire voir sans chercher à s'entendre. À la coupée, majestueux, Francis recevait ses nouveaux amis. Arriva Yves Montand qui, cette année-là, présidait le jury. Je le présentai à Bouygues.

« Et vous, vous êtes ici pour quoi ? » lança celui-ci, impavide, à la star préférée des Français.

Sur le moment, Montand ne le trouva pas drôle. Par la suite, il embellit l'anecdote...

Francis savait organiser les rivalités entre personnes et se réjouissait de leurs affrontements. Il ne manquait pas de psychologie, mais n'en usait que par intermittences. Il observa Mougeotte conquérir son territoire, Cotta, protéger la rédaction, du Peloux s'étioler sous l'autorité de Le Lay, et ce dernier organiser son pouvoir. Je n'y avais manifestement aucun rôle, sauf à accepter d'entrer à mon tour dans ce système obsessionnel de rivalités, de coups

213

bas et de claques dans le dos. C'est là que je compris combien je détestais l'exercice de ce pouvoir-là, et plus encore sa conquête, qui imposent de ne s'intéresser en rien au contenu des choses, mais à leur seule incidence tactique ; de n'avoir des gens et de leurs talents qu'une conception utilitaire ; de se livrer à des manœuvres sans mémoire ni sentiments. Les femmes s'y complaisent plus rarement que les hommes, pas seulement parce qu'elles sont peu nombreuses à atteindre ces positions. Quoi qu'il en soit, c'est dans ce climat que je compris que je n'aimais pas le pouvoir pour lui-même, et que je n'aimais que le journalisme.

J'étais sur de mauvais rails. Bouygues le savait. Sans que ma situation le préoccupât outre mesure, l'erreur de casting, manifeste, le chiffonnait.

« Pourquoi ne prendriez-vous pas le "20 heures" ? Cela vous éloignerait de Le Lay, vous échangeriez un Patrick pour un autre », me dit-il un jour, tout heureux de son astuce.

J'ouvris de grands yeux, sachant combien la place était occupée et combien, à juste titre, Poivre était satisfait de l'investir à nouveau.

« Je vous verrais bien faire le Journal le week-end, reprit Francis. C'est ce qu'il faut, une femme, pour le week-end. »

Je m'en étranglai presque, et, bêtement, lui répondis que j'avais déjà fait mes classes en semaine. Notre entretien tourna court.

Mes relations avec Le Lay continuèrent de se dégrader. J'avais perdu mes repères et ne savais comment les retrouver. Toute discussion avec lui se révélait inutile. Il avait défini pour la chaîne une politique qui était à l'opposé de mes vœux et de mon savoir-faire, et il avait les gens pour la mettre en œuvre. J'acceptai de répondre, dans un entretien au *Monde*, à quelques questions sur le sujet. Le Lay ne me le pardonna pas et, deux jours plus tard, m'interdit physiquement l'accès au comité exécutif du mardi matin. L'épisode fut assez grotesque, mais au moins les choses étaient claires : il était temps pour moi de quitter *TF1*.

Je le fis sans regrets et sans rancune. Les erreurs étaient au moins partagées, à commencer par celle qui avait consisté, pour moi, à m'éloigner de l'antenne et de l'information. L'univers que forgeaient ensemble ces ingénieurs et ces saltimbanques n'était pas le mien. J'avais beau en comprendre la logique, je n'en acceptais pas les finalités. Pis, je trouvais leur horizon excessivement étroit, et leur obsession du court terme contraire à leur ambition de devenir la première chaîne commerciale européenne. Je ne suis pas sûre, à ce jour, en dépit des succès du tandem Le Lay-Mougeotte, de m'être vraiment trompée.

N'éprouvant ni peine ni haine, mais plutôt une forme de soulagement, je me préoccupai du sort des proches qui m'avaient suivie dans cette galère. Claude Carré avait si bien fait ses preuves que la rédaction voulait le garder – il allait y retourner comme directeur-adjoint quelques années plus tard. Danièle Bénichou, excellente et charmante assistante, avait envie de regagner sa famille d'origine à *France 2*. Nous n'allions pas tarder à nous y retrouver tous les trois.

Depuis l'éviction de Pierre Desgraupes, la *Deux* avait survécu, avec des fortunes diverses, à trois présidents successifs. La privatisation de *TF1* avait été ressentie comme un affront par des personnels qui, tout en l'appréhendant, croyaient toujours

216

incarner la modernité télévisuelle. L'« effet Desgraupes » perdurait, mais il n'y avait plus grand-chose derrière. Après Jean-Claude Héberlé, qui n'avait pas tenu long-temps malgré ses appuis politiques, Jean Drucker s'était efforcé de ranimer la flamme avant d'aller présider aux destinées de *M6*, la petite chaîne qui devait monter très vite. En son temps, mais en vain, il m'avait proposé de le rejoindre.

Claude Contamine lui avait succédé, par-fait haut fonctionnaire de l'audiovisuel comme les aiment les gouvernements de droite. Patron de la troisième chaîne sous Giscard, il retrouvait sous Chirac – cohabi-tation oblige – le fauteuil présidentiel de la *Deux*. J'avais de l'estime pour lui qui avait été mon patron à la *Trois* et que je n'avais jamais surpris en défaut de courtoisie et de loyauté à l'égard de ses collaborateurs. L'audace et l'imagination n'étaient pas son fort, il n'était pas là pour cela ; mais il avait de son rôle une conception intègre et plutôt débonnaire. Aussitôt connu mon départ de *TF1*, il me proposa de retourner sur la *Deux* et de reprendre le « 20 heures ». Je m'étais juré, en claquant la porte de cette chaîne, de ne jamais recommencer cet exercice-là. Mon bonheur et ma chance avaient été

217

trop exceptionnels pour me donner à nouveau rendez-vous au même endroit. Désarroi professionnel, besoin de retrouver une famille et une légitimité, envie de plonger à nouveau au cœur du métier ? Cet été-là, je me suis parjurée. Et j'ai eu tort.

Le directeur de l'information de l'époque, Élie Vannier, jamais à court d'effets verbaux, me dépeignit une rédaction ardente, dure à l'ouvrage, frémissante à l'idée de renouer ensemble avec nos succès et nos fiertés d'antan. Le tableau, séduisant, était un trompe-l'œil. Me l'eût-on brossé autrement, je n'en aurais rien cru, tant je gardais un souvenir vivace de la qualité et de la vigueur des équipes de la *Deux*. Il restait un bout de façade, et l'arrogance des jours heureux. Mais la chaîne s'était délitée de l'intérieur. Il y avait eu beaucoup de départs vers d'autres aventures de l'audiovisuel ; ceux qui étaient restés se sentaient laissés pour compte, tout en pensant incarner l'orthodoxie. On donnait dans les couloirs beaucoup de leçons de morale ; à l'antenne, les prouesses étaient rares. Il n'y avait plus guère d'autorité, la vraie, qui se fonde sur l'expérience et la légitimité professionnelles. La place était truffée de petits tribuns qui se prenaient pour des grands du métier et n'entendaient pas céder le terrain : leur notoriété toute neuve en aurait pâti, et leurs dividendes, fondus. Le pire d'entre eux, qui sévit toujours – c'est un métier sans champ d'honneur, on y survit longtemps –, se mit en tête que mon retour à l'antenne allait éclipser l'éclat de sa présence. Ce n'était peut-être pas faux, mais pas au sens où il entreprit de le faire savoir.

De ces médiocres traquenards et de l'environnement quelque peu décrépit que je retrouvai dans les bureaux modernisés de l'avenue Montaigne, je n'avais cure, toute au bonheur du retour. Bonheur de retrouver les gens et les lieux, les odeurs, les plateaux, les plaisanteries avec les techniciens, les manies des maquilleuses, les raccourcis entre les étages. Bonheur d'être rentrée à la maison.

J'avais demandé et obtenu que Claude Carré y revînt aussi pour seconder Vannier en qualité de directeur de la rédaction. Je refis, avec une certaine émotion, un premier Journal. Il y avait de l'effervescence, beaucoup de photographes, la sensation toute neuve que mon fils, qui n'avait pas trois ans, regardait pour la première fois sa maman dans le poste. Mais je n'avais pas la grâce. Ma conviction n'était plus intacte, les épisodes précédents l'avaient entamée. Le vent et la mode avaient tourné. Trop de blondes aux cheveux courts sur les antennes ? Trop d'alluvions, d'histoires, voire de scandales autour de la télévision depuis qu'elle était sortie de sa gangue d'État ? Trop de fragilités et de traîtrises à l'intérieur, trop de moyens de nuire stockés dans la maison d'en face, à *TF1*, où la direction et ses sbires étaient prêts à tout pour empêcher, sur la *Deux*, un succès qui porterait ma griffe ? Toujours est-il qu'à peine installée dans la routine du Journal, je sentis les signes annonciateurs d'un tremblement de terre. Les cloisons se mirent à plier sous les coups, le sol commença de tanguer tandis que montaient les odeurs fétides de la délation et de la haine.

À l'origine, des fuites soigneusement orchestrées sur le montant de mon salaire. Proposé sans négociations par la direction de la chaîne, visé en bonne et due forme par le contrôleur d'État, il avait beau être dépassé par celui d'autres vedettes de la *Deux* et représenter moins de la moitié de mes émoluments sur la *Une*, il fit scandale. À l'aune des affaires qui ont depuis lors ébranlé les chaînes privées et publiques –

220

inculpations, prévarications, contrats abusifs, détournements fiscaux, et j'en passe –, l'épisode fait figure d'enfantillage. À l'époque, dans le climat brouillé qui accompagnait l'explosion de l'audiovisuel privé, il prit des proportions inimaginables. Au sein de la maison, les syndicats s'en emparèrent, dûment chapitrés, quand la tension retombait, par des syndicalistes de *TF1* qui venaient touiller le fond de sauce. À l'extérieur, lasse sans doute de m'avoir jusque-là, et avec excès, complimenté, une certaine presse, flairant le sang, lâcha ses meutes. Puisqu'on m'avait faite reine, il convenait de me décapiter. Semaine après semaine, divers journaux et magazines s'en donnèrent à cœur joie, relayant volontiers des sources ennemies et toujours anonymes, publiant les témoignages variés de gens qui, la main sur le cœur, protestaient de leur vertu et crachaient sur la mienne, flattant l'opinion dans le sens de la démagogie la plus facile.

On sait bien qu'en France, c'est moins l'argent qui fait scandale que le mensonge et l'hypocrisie qui l'entourent. La parade était difficile. Comment protester de ma bonne foi et, si j'ose dire, de mon innocence ? Comment expliquer que l'audiovi-

suel était à son tour devenu un marché et
que, sans atteindre à l'échelle du privé, le
service public payait mieux que d'autres un
certain nombre de gens dont il estimait
avoir besoin ? Comment dire à haute voix
que certains, parmi ceux-là, et pas seulement dans le divertissement, gagnaient
davantage depuis longtemps, et ne se pri-
vaient pas de toucher plus encore autrement qu'en salaires ? Les âmes pures
étaient aux abris. Je n'avais pas le beau rôle
et peu de gens se ruèrent à mon secours.
Vannier, le directeur de l'information,
avait sauté, emporté par une révolte de
palais. Tant bien que mal, Claude Carré faisait front, comme Alain Wieder, un ancien
d'*Europe*, sincère et intransigeant, qui
assurait avec moi la maîtrise du
« 20 heures ». Car il fallait, dans ce climat,
fabriquer et animer tous les soirs le Journal ! Je devais, à l'antenne, travailler
comme si de rien n'était, et même sourire,
s'il vous plaît ! Une femme qui ne sourit pas
n'est-elle pas plus suspecte encore ?

Dans l'engrenage des revendications et
des blocages sociaux, l'ensemble de l'audiovisuel public se mit alors en grève. En
vertu du service minimum, le Journal
continuait d'être diffusé. C'était absurde et

extrêmement pénible. Parfois, dans mon petit bureau protégé des agressions extérieures par la sollicitude de quelques-uns, j'en pleurais de rage et d'impuissance. Un jour, dans un restaurant du quartier, à l'Alma, un bon bourgeois me montra du doigt et cria : « Avec quoi elle l'a payé, son manteau ? Avec l'argent du contribuable ! » Je n'osais plus aller nulle part. Je me sentais comme tondue. Mais il fallait faire front, dire encore et encore « Madame, monsieur, bonsoir », et sourire comme toujours au moment de la météo. C'est un spectacle, l'information continue !

Contamine sut avec tact me manifester son soutien. Le renfort le plus inattendu me vint du sommet de l'État. Harcelé de questions à mon sujet lors d'une visite en province, François Mitterrand répondit aux journalistes que le mérite et le travail ont leur prix. Le propos me surprit agréablement tant il était peu conforme à la démagogie ambiante, surtout d'origine socialiste. Présidentiel, il avait son poids. La France est ainsi faite que le jeu, un moment, s'en trouva calmé. Entre-temps, la presse étrangère avait pris le relais. Sans surprise, je trouvai là des alliés qui n'hésitaient pas à enquêter sur les vrais chiffres dans le secteur et à ramener l'affaire à sa juste proportion et à sa véritable nature, empreinte de jalousie professionnelle et de manipulations. Les plus narquois furent évidemment les confrères américains qui avaient traduit les données de l'histoire en dollars et la jugeaient à l'aune des mœurs télévisuelles de leur pays. J'eus ainsi droit à un titre du *New York Times* du genre : « La star qui fait craquer la France pour un salaire de misère... » Je m'en serais bien passé, mais il me valut un flot de messages d'amitié de mes camarades d'Outre-Atlantique.

La grève s'essoufflait. La campagne de calomnies repartit de plus belle, atteignant même ma vie privée. La presse pourtant commençait à se lasser. J'étais toujours debout, ou plutôt assise, femme-tronc, vissée au fauteuil du « 20 heures ». Au sein de la rédaction, les régicides étaient maintenant montrés du doigt et leurs motifs mis en cause à voix haute. Le meneur fut prié d'aller se faire voir ailleurs. Comme l'histoire, même quand elle ne présente pas d'intérêt, ne manque jamais d'ironie, le personnage en question eut à son tour à faire face, quelques années plus tard, à la divulgation de sa feuille de paie et dut précipitamment quitter ses fonctions.

Terminée grâce aux talents de négociateur de Xavier Gouyou-Beauchamps, alors président de *TDF*, la grève avait saigné le service public et durablement affaibli ses chances de tenir le choc face à la concurrence privée. L'audience de la *Deux* s'était affaissée, le moral des troupes était au plus bas. Vaille que vaille, nous entreprîmes de remonter la pente. La fin de l'année approchait. Celle-ci avait été rude. Le dommage fait à ma réputation et à la popularité qu'avaient pu me valoir mes années de télévision était incommensurable. Le goût de l'argent, que les Français détestent chez les autres, me tenait lieu de caricature. Bientôt les « Guignols » allaient me transformer en marionnette comptant inlassablement des billets. Je me mis à tousser. On crut à une grippe. Je partis en vacances. On me rapatria par avion sanitaire. Sauvée de justesse, je passai un mois à l'hôpital, victime d'une double pneumonie. Le corps enfin prenait sa revanche.

Durant ces longues heures brunes où on ne sait trop si on divague ou si on voit enfin clair, où la mort approchée fait remonter comme une caresse les souvenirs d'enfance, où le goût revient des choses les plus simples : la pression d'une main aimée, le sourire d'une infirmière, un bout de ciel, la voix d'un enfant, j'ai médité sur la gloire cathodique et son coût, et je crois être pour toujours entrée en solitude.

Solitude dans ce que l'on ressent du métier, ses plaisirs comme ses épreuves, et qu'on ne saurait raconter, sauf le plus trivial. Solitude à panser les blessures, mystère des cicatrices, de leur géographie, des durcissements de la peau et de ses zones rose vif. Solitude lors du travail d'épurement qui n'a pas cessé depuis lors, quand les oripeaux tombent et que le regard se dessille ; vanité d'un exercice célébré pour les raisons les plus creuses, difficulté rarement reconnue d'agir et de dire, en temps réel, au plus juste. Solitude à traduire tout cela, à chercher l'espéranto capable d'exprimer ces émotions fortes et renouvelées qui ne sont pas celles qu'on croit. Le doute qui vient par bouffées suffocantes et que l'on masque, faute de mieux, en crispant les mâchoires, sauf à choir ou à déchoir. Solitude intime, trompée par la camaraderie obligatoire d'un exercice toujours collectif.

Solitude pareille à toutes les autres, qu'on peut toujours chercher à dissoudre dans le cynisme, le calembour, l'alcool, la cocaïne, la séduction échevelée, ou tout cela à la fois. Solitude ravageuse mais infiniment précieuse, qui fonde les désirs d'autres ambitions.

Là, sur mon lit de l'hôpital Cochin, entourée de mes dieux lares – un dessin de mon fils, une rose jaune, un appel de Wallace, un mot de Yanni, une lettre d'Oriana –, nourrie par quelques témoignages d'amitié vraie, attendue et tendue par l'amour des miens, je me suis dit qu'il fallait être folle pour vouloir continuer plus longtemps à mettre sa tête dans un rectangle.

XII

Les grands méchants loups

La France a ceci de particulier qu'on ne peut y faire du journalisme sans se préoccuper de politique. Entendons-nous : il ne s'agit plus de prendre sa carte d'un parti, ou d'en changer la couleur au gré du vent, encore que quelques confrères ou soi-disant tels n'y aient jamais trouvé à redire. Tout le monde n'est pas obligé de se délecter à la fréquentation assidue des hommes politiques, même si certains, en toute sincérité, y prennent goût. On n'est pas obligé non plus de sacrifier aux déjeuners du microcosme, réuni comme à la cantine chez Edgard dont le patron fait autant commerce de potins que de bavettes à l'échalote. Sachez simplement que si vous

229

restez à l'écart de ces mœurs-là, si vous pré-
férez croquer une pomme et lire vos dossiers dans la quiétude de votre bureau, si le
commerce de l'amitié, avec ses méandres
et ses aléas, vous paraît plus important que
l'entretien des réseaux de pouvoir à Paris,
on vous en voudra. Pis : on se méfiera.
Mieux : on vous dénoncera. Pour qui se
prend-elle, celle-là, qui ne fait pas comme
nous ? Vous serez vite hors-la-loi. Ou plutôt hors des circuits de protection naturelle
du petit milieu où l'on ne s'aime pas mais
où l'on fait tout comme, en guise d'autodé-
fense ou d'assurance sur l'avenir. Hors des
clans, des clientèles, hors des sociétés
d'admiration mutuelle et des renvois d'as-
censeur, point de salut, encore moins de
confort. Vous serez un étranger, une étrangère dans la ville. Si vous êtes en situation
d'influence, que l'on vous craint ou que l'on
vous croit à la mode, si les rapports de
forces vous sont favorables, le mouvement
vous portera et vous penserez que tout est
normal. Vous goûterez l'air du temps, il
vous grisera plus que de raison et vous vous
direz que le succès, comme l'amour, peut
durer toujours. Vous risquez même d'en
concevoir, sans bien en mesurer la traî-
trise, comme un sentiment d'impunité.

Gare aux faux-pas, aux croche-pieds, au dérapage, à la glissade ! Rien ni personne ne viendra à votre secours, hormis ceux qui vous aiment. Relisez Balzac qui avait tant le goût de la presse...

Ce qui pimente, colore et déforme les parcours professionnels du journalisme à la française, c'est encore et toujours la politique. Dans une culture singulière qui continue de lui accorder une importance démesurée par rapport à la réalité, où le verbe tient si souvent lieu d'action, où la centralisation et l'immobilité des élites composent une géographie figée et prévisible des pouvoirs, la politique ne cesse de hanter les médias. Elle les étiquette, les flatte ou les brime, et ne désespère jamais de les manipuler à son avantage. Elle y trouve des relais, journalistes d'opinion qui parfois lui restent fidèles, ou professionnels à l'ancienne qui font des paris de carrière en changeant de faction. À ces strates et à leurs habitudes s'ajoute, avec le relais des générations et des modes, une autre perversion des mœurs journalistiques : d'une politisation acceptée, les voici qui tournent à l'anti-politique. La culture de la dérision imprègne les plus jeunes, avec grincements de rigueur, préjugés défavorables, tropismes du négatif. La méchanceté tient lieu d'opinion, sans masquer davantage la légèreté ou l'approximation de la démarche. En qualité et en diffusion, la presse française n'y trouve pas forcément son compte. Quant aux pouvoirs, à commencer par le politique, ils ont beau jeu, dès lors, de dénoncer les tares médiatiques.

Je n'ai jamais aimé la politique. À la différence de confrères et de consœurs – et non des moindres –, la fréquentation de son milieu ne me séduit pas au point d'en faire l'unique objet de mes passions. Mon intérêt professionnel et citoyen ne m'a jamais poussée à barboter dans son brouet. Les intrigues de l'instant, qui s'effacent si vite des mémoires, ne me mettent pas en appétit. La vertu du journaliste, à supposer qu'elle existe, m'a toujours paru reposer à la fois sur l'indépendance et le scepticisme. C'est ainsi qu'on m'a appris le métier et que je l'ai aimé. Souci de la différence, esprit de contradiction, imprégnation américaine trop forte et trop intime ? J'ai toujours été plutôt mal vue par les hommes politiques français de tous bords. Suspectée, à tout le moins, comme quelqu'un de peu sûr. « Quelqu'un de sûr », ai-je appris avec le temps, c'est, autant que faire se peut, quelqu'un de votre bord, toujours prêt à rendre service. Faute de mieux, c'est quelqu'un qui porte une étiquette, un label, qu'on peut donc situer dans le paysage. S'il (ou elle) en change pour jouer gagnant, on ne lui en veut pas, à condition qu'il (ou elle) reste habile et fidèle à ses amis. C'est un milieu où on a apparemment beaucoup d'amis. Les fidélités sont fluctuantes, mais les liens demeurent, réactivés au gré des circonstances.

Ceux que les politiques n'aiment pas parmi les journalistes, ce sont moins leurs adversaires déclarés que les inclassables, les imprévisibles. Longtemps, et non sans malice, j'ai fait partie de ceux-là. Rentrée des États-Unis, je me faufilai dans le paysage médiatique français sous Giscard. J'étais belge, américanisée, sans identité politique, et j'étais une femme. On se préoccupe toujours moins de ce que pensent les femmes. À l'exception des vraies professionnelles, de celles qui sont passées entre les mains habiles de Madame Giroud, ravissantes et malignes péronnelles lâchées dans le milieu politique pour y butiner à loisir. Elles y ont toutes fait carrière, continuant à briller de leurs feux et faisant des émules...

Je n'en étais pas, et même à *Europe 1*, en pleine année présidentielle, j'étais portion trop congrue pour qu'on se préoccupât de me brider. D'autres, plus haut placées, veillaient.

C'est avec V.G.E. que je participai pour la première fois au rituel de l'entretien télévisé présidentiel. Nous étions deux ou trois journalistes. Je n'en garde franchement aucun souvenir, sauf une impression générale de raideur et d'artifice. Survinrent la gauche et, pour moi, quelques mois plus tard, le « 20 heures » d'*Antenne 2*, grâce à Pierre Desgraupes. Auprès des politiques, sa réputation de mauvais coucheur était telle qu'elle protégeait les siens. Elle finit par lui coûter sa place, mais j'avais eu le temps, le succès du Journal aidant, de borner mon terrain. Invitée avec d'autres à un petit déjeuner de presse par le président Mitterrand au début de son premier mandat – un de ces petits déjeuners qui pouvaient durer des heures –, je posai une question qui portait, si ma mémoire est bonne, sur les rapports entre les communistes, alors au gouvernement, et la CGT. La question dut déplaire, ou bien mon

comportement, ou l'une et l'autre à la fois ;
toujours est-il que je ne fus plus jamais
invitée à ce genre d'agapes. Le Président
n'aimait pas les journalistes ; il les méprisait, sauf quelques-uns qu'il emmenait
volontiers en promenade et qui, dans ces
fausses conversations qu'il affectionnait,
lui servaient à exercer sa mémoire et sa
séduction. Personnellement, je n'y fus
jamais sensible. Je crains la méchanceté et
n'ai pas la fascination de la culture maur-
rassienne. De surcroît, je ne répondais
manifestement à aucun des canons qui
déterminaient l'intérêt présidentiel pour
les dames...

Côté socialiste, je n'avais pas plus de
succès. Trop Desgraupes, trop bourgeoise,
trop américaine, trop distante, que sais-
je... Je n'étais pas dans les faveurs du pouvoir et ne cherchais pas à l'être. Je n'en
voyais pas l'intérêt, seulement les inconvé-
nients. À vrai dire, je n'y pensais même pas.
Quitte à passer pour une Huronne, je pré-
férais mes plumes à d'autres parures, et
n'avais pas peur du goudron.

Mes relations avec la classe politique se
limitaient aux invitations au « 20 heures »,
à quelques politesses échangées au cours
du maquillage, à quelques questions en

plateau, puis au revoir et à la prochaine. Je n'y avais pas d'amours, et peu d'amitiés, sauf celles que Sciences-Po avait égrenées dans quelques cabinets ministériels. Les dîners officiels auxquels j'étais parfois conviée m'ennuyaient. On n'y apprend rien, et il faut répondre poliment à des propos insipides sur la télévision. J'eus aussi droit à des invitations en tête à tête de la part de messieurs très importants ou s'estimant tels, qui, jouant de leur pouvoir ou de leur prestige comme d'une arme de séduction, voulaient voir de plus près « la star du 20 heures ». Objet de curiosité, de désir cathodique, quels frissons ! À ces rendez-vous, je sentais parfois flotter dans l'air la suspicion jalouse d'une attachée de presse, ou l'amertume d'une épouse délaissée.

La pavane du pouvoir a ses figures obligées, ses pas de deux et ses pas de côté, mais quelques personnages méritaient qu'on y retourne. Ambroise Roux, éminence grise du monde des affaires, féru de complots et de spiritisme, ne détestait pas faire tourner les guéridons, entouré de jeunes personnes auxquelles il laissait entendre, la mine émoustillée, qu'il détenait entre ses mains le sort du monde.

André Rousselet, séducteur et prédateur, avait fait fortune avant de découvrir les ors de l'Élysée, dont il fut un temps secrétaire général. Désinvolte et fidèle à Mitterrand, il promenait, sur les gens et les choses, un curieux regard, à la fois gourmand et détaché. Il sera bientôt happé par une autre aventure, celle de *Canal +*, et deviendra un ami bien plus tard, quand il l'aura perdu. Rare femme à s'épanouir dans les jeux du pouvoir, même quand elle n'en avait plus, Marie-France Garaud avait ses admirateurs. Elle aimait en renouveler le cercle, distillant avec brio et perfidie bons mots et analyses qui, pour être étincelantes, se révélaient souvent fausses. Toujours baignée du halo de pouvoir et de mystère qu'elle avait su garder des années Pompidou, elle recevait à déjeuner, chignon serré et sourire carnassier, dans un sombre appartement du XVIIe arrondissement. La chère était triste, mais son appétit des choses était grand et la conversation savoureuse.

L'un des personnages les plus drôles et les plus séduisants à participer au pouvoir au début des années 80 était Gaston Defferre. Ministre de l'Intérieur du premier gouvernement socialiste, il était déjà âgé mais n'avait rien perdu de son charme. Avec le métier des vieux ruffians, il m'avait déclaré publiquement une flamme qui était d'autant plus joyeuse qu'il lui suffisait de peu pour être entretenue. Lors d'un déjeuner de journalistes où il me faisait des frais, avec sa façon inimitable d'avaler les mots par la fin, il entreprit de me convaincre du péril que représentait pour ma carrière et ma sécurité le fait de garder ma nationalité belge :

« Rendez-vous compte, s'il vous arrive quoi que ce soit, je ne pourrai même pas vous protéger !

– Que voulez-vous donc qu'il m'arrive ?

– L'exil, voyons, pour cause d'impertinence et de persiflage ! »

Il éclata de rire. C'était une manière plaisante d'évoquer le grief que commençaient à me faire à haute voix les potentats socialistes.

« Faites-moi confiance, reprit-il, en vingt-quatre heures, grâce à moi, vous serez française ! »

À l'époque, le pouvoir naturalisait à tours de bras immigrants et sans-papiers.

« Mes papiers sont en règle, et le traité de Rome prévoit le libre établissement des personnes au sein de la Communauté. Mon passeport belge, j'y tiens. Le plat pays, Jacques Brel, le cramique et les spéculoos...

– Assez d'enfantillages ! »

Changeant de ton, Defferre se pencha vers moi et me glissa :

« Je vous parle sérieusement. Pensez-y. »

Un collègue et ami, qui était dans la même situation, sauta sur l'occasion et changea ainsi de nationalité. Pour moi, je n'y réfléchis même pas, tant ont toujours été profonds mon attachement à la mémoire de mon père et mon allergie à toute forme de chauvinisme.

« Je vois ! Vous avez opté pour le mariage blanc ! »

Defferre s'esclaffe, ravi de son bon mot. Nous tâtons du pied l'eau de sa piscine, au pied de la montagne Sainte-Victoire, transis dans le pâle soleil d'octobre. Gaston m'a demandé de venir inaugurer à Marseille le Salon des antiquaires, ce pour quoi je n'ai aucune compétence particulière, et, à l'occasion, de passer le week-end avec Edmonde Charles-Roux, son épouse, et lui dans leur maison provençale.

Bernard m'accompagne. Il est gastro-entérologue, il a fondé « Médecins sans frontières », puis « Médecins du monde » ; il rentre du Liban en guerre où il a passé de longs mois. Il a aussi changé ma vie. Les deux hommes se jaugent et font assaut de coquetteries. Non sans agacement, tel un lion en fin de règne, le plus vieux décide de s'accommoder de la présence du plus jeune. Edmonde, précieuse et pointue, manie son petit monde avec intelligence. Elle termine un livre, Gaston l'admire. La maison est austère et confortable. Nous sommes loin de la politique, dans la beauté des choses et la chaleur des conversations.

Soucieuse de notre culture, Edmonde nous entraîne visiter la Fondation Schlumberger, à une heure de voiture. Gaston grommelle. Nous voici, un dimanche après-midi, entassés dans la R 25 du ministre de l'Intérieur, roulant sur les petites routes de Provence. Je demande qu'on allume la radio, je dois, le soir même, faire le Journal. Les stations ne sont pas préréglées, le chauffeur tâtonne, Gaston s'en mêle, s'énerve puis éteint. Têtue, par-dessus son épaule, j'essaie à mon tour. Et on entend :

240

« Le bilan en est à plus de 150 morts. Dans les décombres, on continue de fouiller... »

Je reconnais la voix d'Alain Ménargues, le correspondant de *France Inter* à Beyrouth. Le quartier général des soldats français, installé dans l'immeuble du Drakkar, vient d'être soufflé par une explosion.

Le téléphone de voiture de Gaston Defferre, qui est aussi maire de Marseille, ne fonctionne pas. Assombris, nous arrivons à la Fondation où nous demandons à pouvoir téléphoner. On nous regarde comme si nous demandions la lune. Mme Schlumberger, qui accueille ici des artistes en résidence, n'aime pas le téléphone. Il n'y en a un que dans le pavillon du gardien, lequel vient de partir... Defferre, indifférent, hausse les épaules.

Je regarde Bernard, qui partage mon étonnement. Paris cherche sûrement à joindre le ministre de l'Intérieur, ne devrait-il pas s'en inquiéter ? Edmonde tient absolument à nous faire visiter les lieux sans tenir compte des circonstances ni de notre désintérêt évident. Sur le chemin du retour, je parviens à téléphoner à la rédaction. Rochot est sur les lieux, nous aurons un reportage et un direct ce soir ;

l'attentat n'est pas encore revendiqué. Gaston somnole, Bernard songe à ses amis là-bas, Edmonde se tait, l'air pincé.

Rentrés à la maison, nous constatons que Paris n'a pas jugé bon de prévenir le ministre de l'Intérieur. « Roland Dumas doit contrôler la situation, comme d'habitude », ricane Defferre, soudain amer. À petites phrases sèches, hachées, il nous décrit alors le fonctionnement du système, l'atmosphère qui règne au sommet de l'État, la cour et ses effets délétères. C'est un autre Gaston qui parle. Sous les cheveux blancs, le masque a perdu ses rondeurs, il apparaît buriné, usé par sa longue quête du pouvoir et par les désappointements que son exercice entraîne.

« À l'Élysée, Mitterrand vous déçoit ? »

À ma question, il tressaute, comme surpris au milieu d'un rêve.

« Mademoiselle, me réplique-t-il avec un sourire affectueux, quand donc cesserez-vous de vouloir toujours être intelligente ? »

Sa remarque allait plus loin qu'un reproche, c'était presque un conseil. Sur l'instant, je ne l'ai pas pris ni compris à sa juste valeur.

Defferre devait mourir quelques années plus tard. J'étais alors empêtrée dans mes affaires de télévision, et, pour de mauvaises raisons, je ne pus me rendre à ses funérailles. Je le regretterai toujours.

Les pressions politiques n'engagent que ceux qui s'y montrent sensibles. Éduquée à la mode Desgraupes, j'ai tôt adopté l'habitude de ne pas prendre au téléphone les attaché(e)s de presse et autres conseillers de ministre qui, pour s'accorder de l'importance, ont tendance à compliquer les choses plus qu'elles ne le méritent. Mauvaise réputation, fichu caractère ? Je n'ai pas souvenir d'avoir, au « 20 heures » ou ailleurs, reçu de coups de fil comminatoires m'enjoignant de traiter l'information de telle ou telle manière. Il est beaucoup plus délicat d'influencer des inconnus que ceux que l'on tutoie. Et, comme le dit si bien un dicton britannique, la familiarité engendre le mépris. Les mises en garde, reproches ou remontrances trouvent toujours à qui s'adresser, en haut, en bas ou à côté. Il suffit de s'en protéger et d'être bien entourée. J'ai eu cette chance, que ce soit au « 20 heures » avec Claude Carré et plus

tard Alain Wieder, ou au *Soir 3*, le journal
de la mi-soirée que j'ai animé sur *France 3*
au début des années 90 avec Patrick Visonneau.

Le baromètre des humeurs et des ressentiments change vite en politique, et les rapports de forces jouent la plupart du temps
en faveur de la puissance invitante. Il y a
ceux qui, sur tous les sujets et à chaque
occasion, ont quelque chose d'urgent à dire
– on apprend à éconduire les entourages. Il
y a ceux qui se proposent pour commenter
l'anodin, mais se dérobent à l'épineux. Il y a
ceux, plus rares, qui déclinent en toutes circonstances. Au fil des années et des exercices, j'ai essuyé, c'est vrai, quelques refus
persistants, notamment de la part d'une
éminence socialiste qui m'a longtemps
poursuivie de sa méfiance et qui m'avait
surnommée, Dieu sait pourquoi, « la Callas
des trottoirs ». Confident du Prince, bary-
ton d'occasion et séducteur de salon, cet
homme-là ne m'intéressait pas assez pour
que je me lance dans les vocalises.

Si on trouve, aujourd'hui encore,
matière à sourire ou à ricaner dans l'observation des jeux médiatiques, il faut avoir la
mémoire courte pour ne pas s'exclamer sur
le chemin parcouru depuis l'époque de

l'ORTF. Les mœurs ont changé. J'ai eu la chance de vivre cette transformation, et, à mon poste et à ma mesure, d'y jouer ma partie. L'obséquiosité, la déférence, l'excuse qui précède l'interrogation nécessairement polie, du genre : « Pardonnez-moi d'oser vous poser une question à laquelle je vous remercie de bien vouloir répondre », l'intervention constante et pour ainsi dire naturelle du pouvoir en place dans le menu du Journal télévisé, les pressions sur le choix des invités, tous ces glaires et épanchements, qui encombraient et enrouaient la « voix de la France », ne sont plus et les temps en sont bel et bien révolus. La preuve en est la virulence des nostalgies qu'expriment à l'occasion quelques-uns de ses vestiges – des Péricard ou des Griotteray, à leur manière des buttes témoins de l'histoire du journalisme à la française. Nos habitudes s'aligneraient-elles enfin sur celles des démocraties d'opinion comparables à la nôtre ? C'est compter sans l'esprit français qui, de tous les feux dont il brille depuis le XVIIe siècle, préfère encore le commentaire au fait, l'opinion à l'analyse, l'ironie à l'exposé contradictoire. C'est oublier aussi une caractéristique de notre tempérament collectif : les Français sont râleurs, impertinents ; au nom de l'égalité, ils détestent les privilèges et les avantages, en tout cas ceux des autres, mais ils ne supportent pas qu'à l'antenne un journaliste rudoie une personnalité établie. Ils préféreront toujours un Léon Zitrone – paix à son âme et à son talent si particulier !

On n'imagine pas l'énergie épistolaire dont font preuve quantité de professeurs à la retraite, de dames bien pensantes, de médecins en exercice, d'honnêtes gens qui se proclament tels et tiennent à vous le faire savoir : « Je ne partage pas nécessairement ses opinions politiques, mais sachez, madame, que vous avez été odieuse avec monsieur Y... » Le plus souvent, vous avez été coupable d'insister sur un point sensible, de couper une parole qui s'égarait, d'interrompre des banalités dilatoires, de faire en somme votre métier. Seulement, voilà : les Français n'aiment pas les journalistes. Régulièrement, les sondages l'attestent : ils les prennent pour des vendus, des créatures sous influence, des hochets des pouvoirs et des modes. Pour autant, ils rêvent tous que leur enfant présente un jour le « 20 heures ». Ah, le prestige, même galvaudé, des stars virtuelles ! Les quelques scandales récents et autres décisions de justice n'y changent rien. Si l'estime est en baisse, l'attraction reste intacte. On peut y voir un signe de ce cynisme ordinaire qui imprègne bien des aspects de nos mœurs collectives. Chez les plus jeunes, il est vrai, la dérision dénonce et balaie comme une même imposture la politique et le journalisme. Ceux qui tentent un moment de la récupérer à leur profit s'y brûlent à leur tour. Quant à l'information, elle n'y gagne rien. Il n'y a pas loin du ricanement à l'indifférence. La démocratie y perd : la suspicion généralisée vis-à-vis des gens en place, qu'ils fassent de la politique ou le « 20 heures », ne fait que nourrir le poujadisme rampant et l'extrême droite conquérante.

Ce qui transforme les rapports entre politiques et médias, singulièrement la télévision, ce n'est pas tant la vertu qui serait venue aux uns et aux autres, que la banalisation. La télévision n'est plus un genre nouveau, un instrument inconnu auquel on prête encore propriétés magiques ou maléfices. On les a à peu près répertoriées, sinon circonvenues. Seuls les plus rétrogrades des hommes politiques et les plus imbus des journalistes pensent qu'elle fabrique l'opinion. Qu'elle l'imprègne, qu'elle lui impose une sorte d'agenda qui ne correspond pas forcément aux préoccupations des téléspectateurs, c'est un fait. Qu'elle lui dicte son message et sa loi, non. Si c'était le cas, aucune dictature ne serait jamais tombée ; en France, aucune élection n'aurait été perdue par la majorité en place. La multiplication des chaînes, la dispersion des habitudes, le développement d'autres vecteurs électroniques d'information et de loisirs : autant de facteurs qui ne cessent de niveler le paysage.

Lors des législatives de mars 1993, Bouygues eut l'excellente idée de lancer sur le câble, encore confidentiel, une chaîne d'information, *LCI* – fort bien faite –, qui a donné à toutes sortes de gens, politiques en tête, l'illusion qu'ils passaient « à la télé », autrement dit au 20 heures. Mieux, qu'ils communiquaient. Avec le développement de l'information s'est en effet déployée une industrie, la communication, qui a maintenant ses gourous, ses experts et ses enfants de chœur. Sous prétexte d'en canaliser l'impact, d'en éviter les pièges ou les nuisances, elle pervertit à son tour l'exercice journalistique. S'ils ne sont pas naturellement doués pour passer devant les caméras, les hommes politiques prennent des leçons auprès de professionnels généralement en disgrâce. Ils apprennent même à parler court, à petites phrases formatées, en *sound bytes* à l'américaine. Les plus branchés suivent de près les campagnes présidentielles d'outre-Atlantique, laboratoires des pratiques médiatiques. C'est ainsi que l'on vit récemment l'un de nos plus ardents jeunes ténors de la majorité imiter dans un débat Clinton et porter comme lui la main à l'oreille pour décontenancer l'adversaire, comme s'il avait mal entendu un propos trop abscons. Les conseillers bâtissent des plans-médias, choisissent les supports et les journalistes moins pour les inclinations politiques qu'on leur prête qu'en fonction de leur acuité et de leur audience. L'idéal : la niaiserie, plus l'audimat. Les émissions politiques classiques, en perte de vitesse, disparaissent ou ne bénéficient plus du même retentissement. On est vite passé de la préhistoire au post-moderne.

Dans cette accélération générale, l'ironie de la vie a voulu que la politique me rattrape par le plus doux des filets. C'est dans l'amour et la félicité conjugale que s'est dissimulé le piège auquel j'avais pris si grand soin d'échapper : celui de l'étiquetage. Remarqué pour son œuvre humanitaire, Bernard a participé à plusieurs gouvernements socialistes et n'y a pas démérité. À l'époque, l'idée ne m'a pas effleurée une seconde que, pour les esprits conformes, sinon obtus, c'en était fini pour moi de jouer à l'« électron libre ». N'avais-je pas derrière moi de longues années de métier, beaucoup d'heures de vol, et quelques accomplissements ? N'avais-je pas fait plusieurs fois la preuve de mon indépendance d'esprit, au point d'en avoir subi des secousses ? Ne démontrais-je pas, dans l'exercice quotidien de mon métier qui ne devait rien au sien, qu'on peut pratiquer comme une hygiène naturelle la séparation des genres ? Le temps n'est-il pas venu de croire qu'une femme, quel que soit le talent du compagnon qu'elle s'est choisi, peut tout à fait penser par elle-même ? Autant d'arguments si probants que seuls les imbéciles pourraient ne pas s'y rendre. Il semble qu'il en reste quelques-uns, y compris jusqu'aux cimes du pouvoir.

L'un des épisodes les plus désagréables et, convenons-en, les plus caricaturaux de cette situation particulière intervint à propos d'un entretien avec le président de la République. C'était en avril 1992. Le climat politique était dominé par l'affaire du prêt consenti autrefois à Pierre Bérégovoy, devenu Premier ministre, par Roger-Patrice Pelat. Cet ami proche de François Mitterrand était mort peu auparavant.

Autant l'avouer : interroger un Président ce n'est pas l'exercice le plus passionnant qui soit. J'ai eu le privilège de m'y livrer plusieurs fois, avec des présidents de toutes sortes : russe, américain, polonais, syrien, brésilien, algérien, sud-africain, israélien, palestinien, égyptien, indien, que sais-je encore... ? L'intérêt dépend bien sûr du personnage et des circonstances qui entourent la rencontre. Je me souviens de Gorbatchev au faîte de sa puissance et de sa gloire, dans le grand salon rouge du Kremlin, entouré de conseillers confits, réagissant aux premiers conflits d'Azerbaïdjan qui annonçaient l'éclatement de l'Empire. Sur la tache de naissance qui marque son front, je reconnus comme une carte de la Russie et lui vis dans l'œil, tandis qu'il nous parlait, autre chose que la satisfaction empesée d'exercer le pouvoir absolu. Le plus émouvant restait Mandela, élégant, compassé et malicieux à la fois. Le plus drôle et le plus détendu était sans contexte Reagan qui, s'embrouillant volontiers dans les fiches préparées par ses collaborateurs, prenait prétexte de sa surdité pour reprendre sa réponse...

À l'Élysée, ce n'était pas la même ambiance. Question de tempérament, de rituel et de décorum. Au fil des deux septennats et de l'inspiration de ses conseillers en communication, François Mitterrand, toujours réticent, sacrifia plusieurs fois à l'exercice. Bercé à l'éloquence parlementaire de la IIIe République, porté à la complexité plutôt qu'à la simplification, il n'aimait pas la télévision et dut, pour l'amadouer, forcer son naturel. L'homme qui guida son apprentissage fut sans conteste Jacques Pilhan, lutin parfois grave et même brutal, venu de la publicité pour inventer la communication élyséenne. Il y apporta un zèle prophétique, tout en trompant son monde avec quelques grimaces. On crut longtemps que sa passion s'adressait au sujet qu'il inspirait de ses formules. On comprit, quand il passa de Mitterrand à Chirac, qu'elle avait pour objet et fin son propre exercice, et sa faculté de jouer au démiurge par Président interposé. Certains, plus méchants, ont insinué que l'esprit de lucre n'était pas à exclure, sans voir qu'il y a sans doute autant d'argent mais beaucoup moins d'ivresse à se consacrer à de la publicité ordinaire.

Dans la tradition française, inégalement illustrée sous les règnes antérieurs par Roger Stéphane, un maître et un ami, Michel Droit, navrant de complaisance, ou Malraux lui-même, le Président choisit ses interlocuteurs. Avec les années 80 et l'indépendance accrue des médias, s'est installé un système plus ambigu. Les chaînes qui, jusqu'à une époque récente, se sentaient tenues de diffuser toutes ensemble la parole présidentielle, proposent en principe quelques noms de journalistes entre lesquels l'Élysée opère sa sélection. On a tenté toutes les formules : seul à seul, à deux, à trois ou à plusieurs, sur toutes sortes de fauteuils, dans des décors divers, sans oublier le pensum du 14-Juillet qui a lieu en général en plein air. Le formalisme français est tel que l'on crut franchir un grand pas dans la liberté d'expression quand il fut décidé que le postérieur présidentiel aurait droit au même siège que ceux des journalistes...

Au hasard de mes fonctions et des formules concoctées par Pilhan, j'eus plusieurs fois le privilège de poser des questions au président de la République. Je n'irai pas jusqu'à prétendre que j'ai toujours obtenu ce que j'appelle une réponse. Si, une fois, en pleins troubles en Nouvelle-Calédonie, quand je lui demandai s'il avait l'intention de s'y rendre et qu'il me répondit : « Oui. Ce soir. »

La joute avec Mitterrand était malaisée. Une bonne interview procède d'une alchimie d'humeurs et d'intérêts contradictoires. Lent à s'échauffer, il communiquait sa raideur et accélérait souvent à contre-temps. À supposer qu'elle soit possible au niveau de son pouvoir, la transparence n'était pas non plus son élément. Contrairement à une idée répandue, les questions des journalistes ne sont pas soumises à l'avance. Je n'ai en tout cas jamais expérimenté cette pratique. En revanche, les thèmes de l'émission, leur ordonnancement sont discutés avec Pilhan qui a peaufiné le système jusqu'à se muer, les derniers temps, en organisateur de spectacles.

En 1992, on n'en est pas encore là. L'entretien a lieu à l'Élysée, dans la bibliothèque, et nous sommes nombreux : pas moins de six journalistes, tous médias mélangés (télé, radio et presse écrite). Comme à l'habitude, nous nous accordons sur la discipline à suivre pour éviter la pagaille. Comme à l'habitude, celui-là même qui insiste le plus pour la définir est le premier à la rompre à son avantage. J'interroge le Président sur les affaires d'argent de son défunt ami Pelat. Piqué, il me répond fort désagréablement. Le résultat de l'entretien est inégal, mais pas trop mauvais.

Le surlendemain, à la une du *Figaro*, Jean d'Ormesson, arbitre des élégances et qui m'honore à l'occasion de son amitié, signe un libelle intitulé : « Mitterrand se fait interroger par les femmes de ses ministres. » Ce n'était ni très fair-play, ni très galant, mais c'était bien vu : Anne Sinclair et moi faisions toutes deux partie du groupe. Je dois à l'honnêteté de dire que personne n'y avait pensé, ni elle ni moi, ni aucun de nos confrères, et encore moins Pilhan qui s'en mordit les doigts, craignant que l'impact de la prestation présidentielle n'en fût compromis. Anne voulut se fâcher très fort ; je l'en dissuadai, convaincue que d'Ormesson aurait les rieurs comme les mauvais coucheurs de son côté. Bernard

rédigea à l'adresse du séduisant académicien une lettre fort drôle à laquelle Dominique Strauss-Kahn contribua. Ils accom-
pagnaient tous deux le Président en visite
officielle à Ankara, et leur lettre se perdit en
route. Le mal était fait. J'étais étiquetée
« femme de ministre ». En tout cas, aux
yeux des sots.

À dire vrai, je ne m'en préoccupai pas
davantage, absorbée jour après jour par la
préparation du Journal que j'animais à la
mi-soirée sur *France 3*. Hervé Bourges, qui
présidait alors aux destinées des deux
chaînes publiques, m'avait poussée à y
retourner. Je le suspectais de vouloir à tout
prix m'écarter de la *Deux*, comme pour
exorciser plus encore l'ombre portée de
Desgraupes. J'y dirigeais en maugréant un
assez mauvais magazine, et je lui sus gré,
finalement, de son insistance. Grâce à
Patrick Visonneau, Guy Lagache et Pierre
Freidenraich, qui furent mes complices
dans cette aventure, je retrouvai le bonheur
du bras-le-corps quotidien avec l'actualité,
la saveur de l'amitié et des émotions partagées par un petit commando soudé et énergique. L'idée était, chaque soir, d'approfondir un dossier fondé sur un reportage
solide, en invitant, en direct, protagonistes

ou experts. Pour éviter les ambiguïtés, nous éliminions par principe tout ce qui touchait aux activités de Bernard. Nous avons fait, je crois, du bon travail, et, malgré un horaire tardif et flottant, nous avons rencontré un succès certain.

Il était intéressant de tenter d'imposer en France un produit d'information télévisée quotidien délibérément éloigné des contraintes grand public du « 20 heures », destiné à répondre, de façon ciblée, aux besoins d'une audience aux attentes plus pointues. Nous nous efforcions ainsi de traiter différemment de la politique en mettant souvent à profit les talents d'Olivier Duhamel, constitutionnaliste et politologue plein de verve. Ainsi nous échafaudâmes des scénarios intéressants sur les élections législatives de mars 1993 et la cohabitation qui s'ensuivit. Nous avions nos habitués et nos supporters parmi la classe politique et chez les amateurs, d'autant plus qu'une fois par semaine, avec Philippe Alexandre et Serge July, nous prolongions le Journal par une discussion à trois à laquelle les *Guignols de l'info* ont ajouté prune et « cahouètes » ! Pour tout dire, nous nous sommes bien amusés, et, chaque dimanche soir, nous continuons d'y trouver le même plaisir.

« Il faut le répéter, vous êtes la femme d'un ministre socialiste ! »

C'était un dimanche soir, il n'y a pas si longtemps, et l'apostrophe n'était pas aimable. On peut compter sur Jean-Marie Le Pen : avec lui, tout se passe toujours comme prévu, en pire. Il n'est jamais facile de l'inviter à la télévision. Taquinant le curseur du tolérable, comme à son habitude, pour voir jusqu'où il peut parler trop loin, le président du Front national avait tenu, les jours précédents, sur les races et le meurtre d'un adolescent à Marseille, des propos insupportables. Il n'appartient pas aux journalistes en charge d'une émission politique d'exclure du débat national le chef d'une formation reconnue et qui recueille les suffrages d'une fraction significative des Français. Nous avions donc maintenu l'invitation.

Ce soir-là, Le Pen arrive sur le plateau en éructant et brandissant comme autant de menaces dossiers et coupures de presse. Il ne me salue pas. D'entrée de jeu, il passe à l'attaque, jouant par sa masse à l'intimidation physique, forçant la voix, l'invective, posant encore une fois au martyr. Tout en m'efforçant de garder mon calme, je tente, tant bien que mal, de maintenir le fil de l'entretien, sans laisser Le Pen l'entraîner où il veut dans son monologue d'imprécateur.

Je n'ai jamais caché mon aversion pour les thèses du Front national. Il ne s'agit pas là d'un parti pris, mais d'un réflexe de salubrité mentale. L'entretien a tôt fait de tourner au pugilat. Pour ne pas en avoir eu le goût, je pense néanmoins l'avoir rendu utile en montrant le personnage dans sa démesure. Je sais d'avance les réactions. Il y a toujours de belles âmes, dans la tranquillité de leurs officines, pour décréter, elles qui n'ont jamais entrepris d'affronter de vive voix l'extrême droite, que ces choses-là ne se font pas. Qu'on ne lui offre pas de tribune. Qu'il vaut mieux faire comme s'il n'existait pas, se mettre la tête dans le sable en attendant sans doute qu'il convainque plus de monde encore. Je ne suis pas déçue : les jours suivants, quelques signatures, dans la presse, et non des moindres, s'en prennent à la journaliste plutôt qu'à Le Pen. Ainsi va la France.

« Quand le sage désigne la lune, le sot regarde le doigt », disent les Chinois.

Depuis que Georges Marchais a disparu des plateaux de télévision, il n'y a plus que Le Pen pour hurler, et, parfois, selon l'horaire et les circonstances, quelques vieux grognards du RPR. Ceux-là mis à part, il faut reconnaître que le cirque politico-médiatique s'est beaucoup policé. Pour employer un mot favori d'Édouard Balladur qui a joué son rôle dans cette évolution, tout cela est devenu fort « convenable ». Hommes politiques et journalistes s'habituent les uns aux autres.

Même le président de la République : grâce encore et toujours aux efforts de Jacques Pilhan, le voilà qui, lors d'une récente émission de télévision, discute avec ses interviewers comme avec une bande de copains. Jacques Chirac a dû mordre sa chique, lui qui n'a jamais beaucoup aimé ni les journalistes ni la télévision. Je me rappelle : que de diplomatie, de précautions, de circonvolutions pour l'amener, en octobre 1993, à livrer devant la caméra les souvenirs de ses vingt ans ! L'émission avait été chaleureuse et inattendue, aussi humaine et proche des gens que Jacques Chirac sait l'être quand il n'affronte pas la caméra. Il m'en remercia par un flot de fleurs blanches et quelques mots affectueux de son écriture énergique. Il faut dire qu'à l'époque, il ne se trouvait plus grand-monde pour lui prêter attention, tant son destin présidentiel paraissait compromis. J'avais pris à cette émission un plaisir et un intérêt particuliers, touchée par les raideurs dont se protégeait le personnage, par la malléabilité de ses choix dans la vie, comme si, par gentillesse et pour faire plaisir, quelle que fût la sincérité de ses convictions, il avait accepté, tout au long de son existence, de s'approprier les ambitions que d'autres avaient eues pour lui.

En 1981, lors de mon premier journal sur *Antenne 2*, Jacques Chirac avait été, bien malgré lui, le premier homme politique à me faire comprendre la difficulté de l'exercice que j'inaugurais avec lui. Depuis, nos relations avaient fluctué au gré des circonstances. Le phénomène fait bien partie de la culture du RPR, resté étrangement minoritaire en dépit de ses succès électoraux : si vous n'êtes pas de la famille, vous faites forcément partie des ennemis.

Je me souviens d'une *Heure de Vérité*, en février 1986, à laquelle je participai, juste avant les législatives. J'étais très enceinte, et Chirac, préoccupé à l'idée de provoquer un accouchement par simple outrance verbale, fut mal à l'aise pendant toute l'émission. Quelques mois plus tard, devenu Premier ministre, retrouvant malgré sa cordialité naturelle les habitudes de son clan, il s'emporta à l'antenne contre un montage d'archives qui rappelait les grandes étapes de sa carrière politique. Au moment où la journaliste de *TF1* qui le commentait évoquait le « manifeste des 43 » et la manière dont Chirac avait, en 1974, lâché Chaban pour Giscard, il se pencha vers moi et murmura, menaçant :

« Vous n'auriez pas dû faire cela !

– Mais, monsieur le Premier ministre, il n'y a rien là de désobligeant, ce sont des faits, il s'agit de l'histoire de la Ve République...

– Vous n'auriez pas dû !... »

Sitôt l'émission terminée, l'entourage alla demander ma tête à Francis Bouygues. Fraîchement propriétaire de *TF1*, empêtré dans des contrats dépendant de l'État, celui-ci hésita. Puis la colère de Matignon se porta sur une autre cible. J'eus la vie sauve...

Des Chiraquiens devaient me poursuivre une autre fois, jusqu'à me faire rendre gorge. C'est une autre histoire...

XIII

L'Express, ou le coup d'arrêt

Pour l'occasion, on avait loué une voiture avec chauffeur. La journée avait été chargée : un gymkhana d'émissions en direct, d'enregistrements et de rendez-vous avec plusieurs médias. Ce 26 octobre 1995, nous lancions la nouvelle formule de *l'Express* et nous nous étions employés à ce que ce fût un événement. Le soir, nous avions organisé à la Très Grande Bibliothèque, qui n'avait pas été inaugurée mais qui nous était prêtée pour l'occasion, un cocktail où devaient se presser les habitués de ce genre de festivités : personnalités, partenaires, obligés et amis du journal. Seule, assise pour une fois à l'arrière de la Citroën, dans les encombrements et le tumulte sourd de fin d'après-midi, je fermai les yeux, à la foix épuisée et galvanisée par les exercices de la journée. Je me dis que, décidément, ce site de Tolbiac était au diable. J'ouvris les yeux à la hauteur de la Concorde, et, dans la splendeur du gris mordoré de l'automne, je fus brutalement envahie par un très grand bonheur. J'étais fière. Fière de diriger un grand journal qui, plus que d'autres, avait marqué l'histoire de son temps. Fière d'y contribuer à mon tour. Fière du travail que nous avions mené à quelques-uns dans des circonstances difficiles. Heureuse, en traversant Paris, de savourer, doux-amer, chaque ingrédient de ce moment particulier.

Je pensai à mon père, mort si jeune ; à lui, si intelligent, écorché vif sous l'humour qu'il s'était forgé ; à lui, né pauvre, et au déroulement de sa réussite ; à lui, angoissé et ébloui par le destin de ses filles qu'il avait prénommées comme des infantes ; à sa joie émue quand il avait découvert à ma place, affichés à la porte de cette école où lui-même avait été boursier, ambition ardente et coudes renforcés de cuir, mes résultats de sortie de Sciences-Po, major de ma section ; à sa résignation muette, tant il était bon, quand je lui annonçai mon intention de lâcher Harvard et de suivre un obscur cheminement à la télévision... Toute sa vie il s'était senti contraint et il voulait pour nous la liberté, quoi qu'il lui en coûtât. Cette liberté, à condition qu'on la gagnât à force de travail bien fait, il la concevait sans entraves : ni celles du milieu, ni celles du genre. Lui qui n'avait pas de fils avait élevé ses filles comme si tout leur était possible, sans leur instiller le doute ou le sentiment de leur différence. La séduction ne m'avait pas été inculquée comme une arme obligatoire, la seule que la distribution des rôles eût imposée et autorisée aux femmes. J'étais partie sans me retourner sur mes chemins de hasard et d'aventure, sans lui parler non plus – ou pas assez – de tout ce qu'il n'osait pas me dire, jusqu'à ce qu'il nous abandonnât, frappé au cœur, et que je mesurasse ce qu'il me restait à faire pour continuer à imposer son nom.

Je pensai à lui, à ce moment-là, place de la Concorde, comme s'il me souriait, et à ma mère, si timide et obstinée : une femme de fer, à sa manière, flamande, le sens du devoir jamais loin de la rébellion, avec de l'orgueil dans son regard vert ; à elle, partie seule, quatorze ans après lui, en se reprochant tout à la fois de lui avoir survécu et de nous laisser.

Toute à mon bonheur de cet instant, entre l'Obélisque et les quais, je sombrai dans le souvenir et le vertige de cet irrattrapable amour perdu qui rend si fort et si solitaire.

Je pensai à Bernard, retenu ce jour-là à Bruxelles mais qui peut-être me ferait la surprise de venir, à son énergie, à ses encouragements, à sa fierté de me voir entreprendre des choses à son goût. Aux dessins que m'avait offerts le matin même, avec un sens aigu du marketing, sinon de l'orthographe, mon fils de huit ans : « *Acheté* l'Express *nouveau, le meilleure journal !* » Je me dis que mon bonheur était immense, qu'il embrassait tout à coup dans une sorte de cohérence les multiples embardées et embellies de mon existence, ses cahots, ses ressacs, ses emportements, et que le risque, dès lors, devenait plus considérable que jamais.

À la Grande Bibliothèque, démesurée et encore vide, le long couloir menant à notre salon avait été décoré d'immenses panneaux qui reproduisaient les unes les plus fameuses de *l'Express*, les premières en typo et format tabloïd : Mendès France plusieurs fois, Mitterrand et l'Observatoire, la Nouvelle vague, Ben Barka, la guerre du Kippour, *Histoire d'O*, Darquier de Pellepoix et Vichy, les boat-people, Marchais travailleur en Allemagne, les nouvelles lois de l'amour... Michel-Antoine Burnier et Évelyne Saïeb les avaient sélectionnées avec passion. Les premiers ou presque à les contempler, se tenant par le bras au long d'un chemin qui paraissait résumer le plus glorieux de leurs vies, Françoise Giroud et Jean-Jacques Servan-Schreiber, vieux et magnifiques, ne se disant rien, venaient à petits pas vers nous, leurs héritiers de hasard, après tant d'autres, qui nous tenions là, émus et gauches, à les attendre. De temps en temps, l'un ou l'autre s'arrêtait et contemplait comme dans un grand miroir le reflet de tant de passions éteintes.

J.-J. S.-S. tomba en arrêt devant le dernier panneau, qui était aussi la première une de notre nouvelle formule. Avec Nata Rampazzo, dans les affres, aux petites heures du matin, nous l'avions choisie noir et blanc, cadrant un couple assis dans une voiture et qui se retourne, heureux malgré tout. C'était le thème que nous avions voulu traiter et qui traduisait bien, nous semblait-il, l'état d'esprit des Français en cette fin de siècle. « C'est bien, ça ! » lança Jean-Jacques d'une voix qui avait retrouvé les accents du patron. Michel Labro, Pierre-François Colleu, tous ceux qui avaient été associés à ce choix difficile respirèrent, comme moi, un grand coup. Puis J.-J. S.-S. fendit la foule, à la recherche de Françoise, et on s'écartait devant lui sans toujours reconnaître ce petit homme au regard délavé qui avait porté une si grande aventure.

Titre mythique de la presse française qu'il avait en son temps révolutionnée, journal d'opinion à une époque où il importait d'en avoir, porte-voix de Mendès France, havre des regrets dont son parcours politique imprégna tout une génération, fer de lance de la lutte contre la guerre d'Algérie, bloc-notes privilégié de François Mauriac, témoin et accélérateur des mouvements de société que Françoise Giroud, œil de velours et griffe d'acier, savait déceler et exprimer comme personne, *l'Express* avait, depuis lors, subi bien des vicissitudes. Emporté par ses velléités politiques et ses besoins financiers, J.-J. S.-S. l'avait abruptement vendu à un richissime personnage, tout aussi charmeur et fantasque, Jimmy Goldsmith. Celui-ci n'avait pas à l'égard du journalisme autant d'intuition que pour les choses de l'argent, et il éprouvait moins de considération encore pour ceux qui l'exercent. Tourneboulé par les foucades de son propriétaire, le magazine avait néanmoins maintenu son rang, sinon son cap, grâce aux talents conjugués de Jean-François Revel et d'Olivier Todd, qui en tinrent un moment les manettes. Ils en démissionnèrent avec fracas, juste avant l'élection présidentielle de 1981, pour une couverture ressentie par Goldsmith comme désobligeante envers Giscard d'Estaing. L'histoire de *l'Express* a toujours été scandée par des crises liées à ses unes... Lassé de la France qui n'avait pas compris le bien-fondé de ses prophéties politiques, « Jimmy », comme le surnomment ceux qu'il fascine encore, vendit alors le journal à un grand groupe industriel. *L'Express* continua sur sa lancée, mais perdit peu à peu de son allure, secoué périodiquement de ces convulsions qui tapissent d'amertume la mémoire d'une rédaction tout en l'entretenant dans l'illusion de sa grandeur.

« Ma petite Christine, prenez garde ! » m'avait susurré Françoise Giroud lors de l'un de nos déjeuners rituels à la blanquette de veau, chez elle, son chat abyssin dédaignant nos attentions, au milieu des tableaux contemporains qui ravivent en moi, à chaque fois, le souvenir affectueux d'Alex Grall. « Prenez garde ! Ce journal a la scoumoune ! » Le mot m'avait surprise dans sa bouche. Je m'émerveillai pourtant de la passion ranimée qui habitait son regard dès que je lui parlai de mes projets pour *l'Express*. Et je vérifiai l'acuité de son jugement quand je lui apportai en primeur, quelques mois plus tard, la maquette du journal, entièrement refondue. C'était bien le moindre des tributs que je pouvais lui rendre.

La nouvelle formule de *l'Express* fut un succès qui ne se démentit pas au-delà de son premier numéro. Tout en redressant sensiblement le journal au fil des mois précédents, j'avais mis en place un petit groupe qui avait travaillé d'arrache-pied pour en repenser la maquette et l'ordonnancement. Il avait beau apparaître comme l'un des insubmersibles de la presse française, le magazine n'en avait pas moins quelque peu rouillé. L'image s'était brouillée, et le titre avait moins bien que d'autres réagi à la déferlante audiovisuelle. À l'instar de la rédaction de la *Deux*, les journalistes de *l'Express*, pour confirmés

qu'ils fussent, avaient tendance à considérer comme un viatique la gloire passée du
journal, alors qu'ils étaient souvent trop
jeunes pour y avoir contribué. Ils m'avaient
accueillie avec des sentiments mêlés de
consternation, de scepticisme et d'espoir.
Consternation à l'idée qu'une « star » de
télé, issue d'un médium aussi vulgaire, pût
prétendre diriger un si noble organe de la
presse écrite. Scepticisme quant aux pers-
pectives qu'un tel mélange des genres pouvait réserver. Mais aussi espoir que le journal allait enfin retrouver un projet et un
élan collectifs. Au bout de quelques mois
d'apprentissage réciproque, au prix de
quelques grincements et d'un sérieux coup
de collier, l'espoir l'emportait. La rédaction
avait retrouvé du souffle, le journal remon-
tait la pente, nos concurrents s'en inquié-
taient, la nouvelle formule portait nos
ambitions et nos promesses communes ;
l'aventure, en somme, était bien engagée.

À l'origine de cet audacieux mariage, il y
avait une femme que je ne connaissais pas
le moins du monde. Grande, blonde, belle
avec un côté Faye Dunaway dans le rôle de
l'*executive woman*, résolue et faussement
glaciale, tailleur sévère, bijoux massifs et
escarpins, Françoise Sampermans avait

conduit la diversification du groupe Alcatel
dans les médias, et dirigeait entre autres
l'Express et *le Point*. Préoccupée par l'état
de la diffusion du magazine-amiral du
groupe, elle m'en avait dit un mot lorsque,
par hasard, un matin de juin 1994, nous
attendions côte à côte Hillary Clinton. En
visite officielle à Paris, l'épouse du Président américain devait partager un petit
déjeuner avec Simone Veil et une quarantaine de femmes qui, comme elles, avaient
fait carrière. C'est une notion si peu française qu'avant d'écouter la dame – fort brill-
lante au demeurant – nous nous en amu-
sions à haute voix. Puis, en nous quittant,
Françoise Sampermans m'avait lancé :
« Si vous pensez à quelqu'un qui peut
faire du bien à *l'Express*, dites-le-moi ! »
Comme une boutade, je lui avais
rétorqué :
« À part moi, je ne vois pas ! »
Et je n'y avais plus repensé.
Dans son esprit, l'idée avait germé. Nous
déjeunâmes ensemble. Je lui trouvai de
l'énergie, de la gaieté, une vision lucide et
ambitieuse des mœurs médiatiques, et,
comme souvent chez les femmes qui ont
réussi à en arriver là, une grande simplicité
d'expression et de manières. Les grimaces

et les hochets du pouvoir occupent plus volontiers les hommes, qui vont moins vite à l'essentiel. Je lui découvris aussi une culture œnologique impressionnante, surtout en matière de bordeaux, ce qui ne manqua pas de fortifier notre complicité naissante. Françoise me demanda une note sur *l'Express*, résumant mes réflexions et esquissant, par rapport à la suprématie de l'audiovisuel, un projet éditorial.

À la fin de l'été 1994, nous fîmes affaire, maîtrisant ensemble, sans faux-pas, le secret et le calendrier de mon arrivée à la tête du magazine.

Je me lançai dans cette nouvelle aventure avec un appétit et un bonheur que je n'avais plus ressentis depuis bien longtemps – en fait, depuis *Sixty Minutes* ou les débuts du « 20 heures » –, cette forme d'innocence qui, tel un feu sacré, pique les yeux, brouille les reliefs, masque les obstacles, enivre le cœur et fait aller de l'avant.

Mon seul regret était de laisser sur *France 3* mes compagnons du *Soir*, à commencer par Patrick Visonneau, que j'avais mis dans la confidence et qui, avec affection et élégance, m'avait vivement encouragée à faire le saut. Au moins les retrouverais-je chaque dimanche soir pour l'émission politique que je continuerais à assurer sur la chaîne avec Philippe Alexandre et Serge July. Vis-à-vis de la télévision, je me sentais étrangement quitte, comme si, après tout ce chemin, nous n'avions plus grand-chose à faire ensemble que nous n'eussions déjà fait : du journal, du magazine, du reportage, de l'interview, du portrait, du documentaire, du plateau, du terrain, du direct, du montage, de l'archive, que sais-je encore...

À *l'Express*, je découvrais un tout autre instrument, ses gammes, ses accords, ses vibrations, son rythme, ses fausses notes et ses moments de grâce. Avec amusement, je percevais la vision déformée que les journalistes de l'écrit, comme pour se protéger, continuent de cultiver à l'égard de l'audiovisuel, faite d'arrogance et d'infériorité mêlées, puis leur surprise à découvrir que j'étais capable d'écrire quelques phrases d'affilée et de signer chaque semaine un éditorial.

Mon propre étonnement, sans cesse renouvelé, tenait à l'importance particulière que les milieux de pouvoir, politique d'abord, mais aussi économique ou culturel, continuent d'accorder à la chose écrite, à la considération différente que me valait dans le regard de leurs représentants le rôle, ou plutôt le statut, que j'assumais désormais. Présenter le « 20 heures », c'est impressionnant et exotique. Diriger *l'Express*, dont l'impact est bien moindre, le lustre moins brillant qu'il ne fut autrefois, c'est important. C'est une fonction qui compte dans la géographie parisienne. Sans le rechercher, et non sans paradoxe pour quelqu'un qui s'y était toujours senti plus ou moins étranger, j'avais intégré le système et atteint l'un de ses sommets.

La suspicion, pourtant, demeurait. Je la devinais, ralentissant une conversation de salon, voilant par moments les regards des grands prêtres, nourrissant cette interrogation : « Est-elle vraiment là pour longtemps ? Quel peut donc être son jeu ? » Ces gens-là détestent qu'on n'en ait pas d'autre que de faire du mieux possible son métier.

La distance qu'en guise d'hygiène et d'habitude je n'avais cessé de garder vis-à-vis des signes extérieurs de réussite ne me quitta pas pour autant, et j'entrepris de m'entourer des meilleurs. Je pus convaincre quelques amis de me suivre : Jérôme Garcin, Martine de Rabaudy, Michel-Antoine Burnier, qui tous, à des titres divers, avaient déjà fait ailleurs la preuve de leur talent.

Michel Labro les suivit, qui vint m'épauler au poste de directeur-adjoint, avec son énergie, son savoir-faire et sa bonne humeur. Jean-Pierre Séréni et Guillaume Malaurie nous rejoignirent un peu plus tard, ainsi que Nata Rampazzo, Vénitien de vieille souche, éditeur et graphiste de renom qui s'occupait surtout de nos couvertures. J'avais eu la chance de trouver sur place une excellente assistante, Monique Barrier, qui sut au mieux organiser cette période difficile.

Pour imaginer une nouvelle maquette, plus visuelle et plus rythmée, j'eus envie d'échapper aux caciques du genre qui prennent souvent, aux dépens des journalistes, leur revanche sur leurs déceptions antérieures, et je fis appel à mes jeunes amis de Gédéon, spécialistes de l'habillage de télévision. *L'Express* était, au mieux, le journal de leurs parents ; ils l'abordèrent avec respect, mais une grande envie de le chahuter. Les traditionalistes en frémirent, le petit milieu ricana. Après quelques mois de travail, d'excitation et d'inquiétude partagés, le résultat, pour être imparfait, était original et efficace. Les lecteurs, sans rupture et en plus grand nombre, nous donnèrent raison.

L'Express, *ou le coup d'arrêt*

Après quelques réactions de coquetterie, coutumières et prévisibles, la rédaction, qui avait progressivement pris part à son élaboration, se plia à la nouvelle formule, y trouvant elle aussi son compte et revivant, grâce au succès que nous rencontrions, ces moments de fierté collective dont toute équipe a besoin. Une rédaction est un curieux corps social qui tend à reproduire, quels que soient l'organe de presse et son histoire, des réactions et des syndromes identiques. On y trouve toujours des petites mains et des fortes têtes, des nostalgiques et des velléitaires, des comploteurs et des paranoïaques, des phraseurs de couloir et des grands reporters (ce sont parfois les mêmes), des rhétoriciens de conférence et des paralysés de la copie, des jeunes premiers qui n'en sont plus, des jeunes espoirs à confirmer sans cesse, des alcoolos, des fumeurs de Gitanes et des hypocondriaques, des bonnes sœurs et des gardiens du temple, des très bons qui sont de vrais modestes, des fignoleurs, des hâbleurs, des bâcleurs, des frustrés et des paresseux, des misanthropes et des misogynes.

Surtout des misogynes. Ceux-là, je l'ai découvert, ne renoncent jamais. À l'égard des féministes qui ont embrasé et harcelé –

aux États-Unis surtout – une partie de ma
génération, j'ai toujours éprouvé des sentiments mêlés : irritation vis-à-vis de leurs
théories, gratitude pour le chemin qu'elles
nous ont aidées à parcourir. Prompte à
reconnaître les courts-circuits et les passe-
droits dont j'ai pu bénéficier, j'ai obstiné-
ment refusé, au fil des péripéties qui ont
jalonné mon parcours professionnel, à en
imputer les avanies et les déconvenues à
ma condition. Je savais, bien sûr, pour
l'avoir vérifié, qu'en échange de sa promo-
tion, on ne cesse de demander à une femme
de faire et de refaire ses preuves, de
démontrer encore et encore sa compétence, quels que soient ses titres et son
expérience, alors que ceux-ci mettraient
pour la vie un homme à l'abri des épreuves
et des contestations. Rien n'est jamais
acquis pour une femme, sauf le sarcasme si
elle trébuche.

Plus d'une fois, pour m'y refuser par éducation et caractère, j'ai également observé
que le fait de ne pas chercher systémati-
quement à sourire, à onduler des hanches,
à roucouler de la voix aggrave le cas. On
vous en veut de ne pas affirmer d'abord que
vous êtes une femme conditionnée à
séduire. On vous reproche de faire l'intelli-

gente, si ce n'est l'intellectuelle. Ce n'est pas en premier lieu ce qu'on vous demande. Ou vous courez alors le risque de faire peur. Vous dérangez la distribution des rôles.

Protégée jusque-là, à la télévision, par un statut de « star » qui exacerbe les jalousies mais échappe aux hiérarchies, j'ai découvert à *l'Express* que ce qui est proprement intolérable pour nombre d'hommes et même quelques femmes, c'est une femme chef. Une femme qui les juge et qui tranche. Une femme qui ordonne, une femme qui oblige à faire. D'un homme, on ajoute dans ce cas, avec admiration, qu'il a de l'autorité. D'une femme, on dira volontiers, avec reproche, qu'elle est autoritaire.

C'est un métier où il y en a fort peu. Il y en eut une, une grande, dans le même journal, quelques décennies auparavant. Françoise Giroud n'était pas populaire, elle savait séduire et se faire craindre. À défaut, ou dans cette attente, que de diplomatie et de maternage la fonction ne requiert-elle pas, que de temps ne faut-il pas accepter de gaspiller à traiter les doléances, que de conciliations et de conciliabules, surtout dans un hebdomadaire où le rythme de travail est inégalement soutenu. C'est un apprentissage comme un autre, plus déce-

vant parfois, mais pas plus difficile, et qui
réserve aussi des joies. Rien n'est plus
réjouissant, stimulant, enrichissant qu'une
équipe qui tourne bien, comme on le dit
d'un moteur ; une équipe qui porte le
talent, les humeurs, les différences, les pré-
férences de chacun, et les brasse ; une
équipe qui vit et vibre ensemble, avec ses
disputes, ses éclats de rire et ses rituels ;
une équipe qui s'enfièvre, qui s'enivre, qui
s'enorgueillit de ce qu'elle fait, et qui parfois s'en vante à juste titre. Quand on a vécu
cette effervescence et cette fraternité-là,
quels que soient les incompréhensions, les
heurts et les mauvais coups des mauvais
jours, il est difficile de leur préférer le travail en solitaire.

Dans les locaux que *l'Express* occupait
près de l'Étoile et que hantaient encore
quelques grandes ombres de son passé glorieux, j'avais choisi un bureau d'angle qui
permettait d'entrevoir l'Arc de Triomphe.
On s'était empressé de me préciser qu'il
portait malheur, comme si la culture de ce
journal restait imprégnée d'imprécations
anciennes. Il avait été dévolu en son temps
à Raymond Aron, philosophe du siècle,
mentor de la pensée française, éditorialiste
illustre de l'ère Goldsmith, honni en son

temps par la gauche et contesté par la rédaction de l'époque qui, sans crainte du ridicule, avait, à son arrivée, mis en cause ses qualités. Crispés sur la protection de leur territoire, préservés la plupart du temps de toute forme de sanction pour leurs erreurs, les journalistes peuvent se montrer stupides. N'étant pas allée au bout d'un troisième cycle en sciences politiques pour cause de dévergondage télévisuel, je n'ose prétendre qu'Aron avait été mon maître, mais j'avais pu suivre pendant un an le séminaire d'études stratégiques qu'il dirigeait à Sciences-Po au milieu des années 1960. J'en avais gardé le souvenir ébloui d'une intelligence qui mettait autant de brio à défendre une thèse que son contraire. Il avait eu la bonté, au fil des années, de me manifester quelque attention. Chaque matin, en franchissant le seuil de mon bureau, je ne pouvais m'empêcher d'y penser, pliant un peu plus les épaules sous le poids de ma tâche, résolue pourtant à exorciser les souvenirs et à entraîner le journal en avant.

Remettre des gens à l'ouvrage, dépoussiérer les placards, bousculer les habitudes et les avantages acquis, avec leur cortège de prétentions et de paresses : la besogne n'était pas facile. Il fallut sortir du jeu quelques personnes, au risque d'entendre dans tout Paris le petit tapage de leurs rancunes ; renouveler le cercle des éditorialistes en convainquant Valéry Giscard d'Estaing et Michel Rocard d'en faire désormais partie ; poursuivre comme une transfusion sanguine le processus de rajeunissement de la rédaction ; améliorer sans cesse notre capacité de couvrir l'actualité et d'anticiper son évolution tout en assurant sa mise en valeur visuelle ; convaincre les publicitaires, en leur consacrant du temps et beaucoup d'énergie, de l'utilité et de la modernité retrouvées de *l'Express*. J'avais voulu résolument une formule qui correspondît à l'âge de l'ordinateur, convaincue du potentiel extraordinaire que la révolution électronique restitue à l'écrit. Le journal s'installa sur le Web, touchant des lecteurs d'un nouveau type, prêt à s'y développer. Notre opération de relance prenait tournure et je ne regrettais rien des palpitations différentes que j'avais vécues naguère à la télévision.

À la fin de l'été 1995, je l'ai vérifié jusqu'à la caricature en observant, de la fenêtre de mon bureau, la couverture médiatique de l'attentat de l'avenue Friedland. À 17 heures 05, dans la canicule d'août, une bombe explose à quelques mètres de notre immeuble, près d'un kiosque à journaux. Si, cet après-midi-là, je n'avais abaissé les stores pour éviter le soleil, j'aurais peut-être aperçu les hommes qui l'avaient déposée dans une poubelle. Aussitôt, la police intervient, nos photographes et nos journalistes se précipitent, certains assistent les blessés étendus sur le trottoir. Quelques minutes plus tard, les radios sont sur les lieux. Les premières équipes de télévision débarquent et filment la scène, interrogeant les rares témoins, dont un cycliste passé là au moment de l'explosion. Les forces de l'ordre circonscrivent le périmètre. Quelques officiels franchissent leur cordon, dont le Premier ministre. Puis ils repartent. Les policiers font leur travail. Un calme étrange envahit les lieux. Deux heures plus tard, c'est à nouveau l'effervescence. Les cars de vidéo mobile s'installent. Les journalistes se placent, ajustent les oreillettes qui les relient à la régie et se préparent à prendre l'antenne dès l'ouverture des journaux de « 20 heures ». Deux ministres battent la semelle à proximité, prêts à rentrer au bon moment dans le champ des caméras. On a mobilisé le cycliste pour qu'il réitère son témoignage. Sous les projecteurs, tout le monde attend. En temps réel, l'information n'a pas progressé depuis le moment de l'explosion. Recomposée pour la télévision, selon l'horaire qu'elle impose, la scène se déclenche à nouveau : ballet d'officiels et de policiers, intervention du cycliste, interviews de passants attirés par les caméras, qui n'étaient pas là au moment des faits. Un présentateur ira jusqu'à demander à l'un d'eux s'il pense que de tels attentats risquent de se reproduire. « Peut-être », répond l'homme en direct. Vingt minutes plus tard, les projecteurs s'éteignent, la transmission est terminée. Rapidement, efficacement, les équipes plient bagage. L'avenue redevient déserte et immobile. Toute la nuit, nous travaillerons sur les informations que nous pouvons collecter et les papiers qu'il faut mettre en route pour le prochain bouclage. Depuis que je l'ai quitté, j'ai rarement regretté de ne plus faire le « 20 heures » ; mais encore moins ce jour-là.

À *l'Express*, le temps m'a manqué. Le calendrier que nous nous étions imposé pour repenser et relancer la formule devenait d'autant plus serré que l'ensemble du groupe vacillait. Les procédures judiciaires se multipliaient à l'encontre du président d'Alcatel, Pierre Suard, et Françoise Sampermans fut bientôt prise à son tour dans la tourmente. Selon l'habitude du milieu parisien, les rumeurs allaient bon train, presque toujours négatives, trop souvent destructrices. Semaine après semaine, ceux qui pariaient sur l'éclatement du pôle de presse me donnaient partante, limogée, remplacée. M'estimant sans doute illégitime au regard de leurs talents méconnus, des confrères bien intentionnés et bien sûr anonymes en rajoutaient, multipliant çà et là les entrefilets fielleux, accordant du crédit aux complots de couloir qui, dans la pire tradition de *l'Express*, occupaient à plein temps quelques médiocres.

J'avais décidé une fois pour toutes de n'en pas tenir compte, de ne rien écouter, de garder le cap. Le salut du journal me semblait à ce prix, et ma besogne était, envers et contre tout, de lui donner un nouveau souffle. Françoise Sampermans me facilitait la tâche, imperturbable sous les coups, quoi qu'il lui en coûtât, respectant parfaitement la répartition des rôles dont nous étions convenues, ne se mêlant en rien du contenu ou de la ligne éditoriale du journal, assumant sans ciller, malgré les circonstances, ses responsabilités.

L'agonie politique et physique de François Mitterrand, le triomphe puis la chute d'Édouard Balladur au printemps 1995, la campagne et l'élection présidentielles, l'installation au pouvoir de Jacques Chirac et de ses hommes alimentaient une actualité foisonnante qui aidait à porter la relance du journal. Convaincue par instinct et par principe que le temps de l'engagement partisan était heureusement révolu, j'avais maintenu sans effort le journal dans son rôle, qui consiste à proposer au lecteur, pour nourrir son jugement, une analyse critique et contradictoire des positions en présence. Loin du calcul politique, mon souci était de prouver aux acheteurs et aux publicitaires la vigueur retrouvée de *l'Express*, sa pertinence et son utilité. Les résultats commençaient à montrer que nous étions sur la bonne voie.

Entre-temps, nous avions changé de président : Serge Tchuruk avait remplacé Pierre Suard à la tête d'Alcatel. Il fallait persuader cet homme brillant, séduisant et autoritaire, venu du pétrole, qui n'avait ni l'expérience ni le goût des médias, du bien-fondé de leur maintien au sein du groupe. Le moins que l'on puisse dire est que les circonstances nous furent contraires.

Nous étions convenus de longue date avec les éditions Fayard de publier les bonnes feuilles du dernier tome du *Verbatim* de Jacques Attali. Nous avions le souci de maintenir au plus haut les ventes du journal et nous n'hésitâmes pas longtemps à mettre en couverture et en exergue deux citations peu aimables que l'auteur attribuait à l'ancien président de la République. L'une visait l'un de ses anciens Premiers ministres, Michel Rocard, l'autre concernait son propre successeur à l'Élysée. En composant la couverture, on se rendit compte que les deux citations ne tenaient pas dans l'espace dévolu. La une était illisible et inefficace. Au milieu de la nuit – dans les affres du changement de maquette, les bouclages duraient fort tard –, on décida de supprimer l'une des deux citations pour ne garder que la plus actuelle, celle qui, évidemment, s'appliquait à Jacques Chirac. Quel péché, quelle insolence, quelle imprudence ! Que n'avions-nous commis là, sinon un crime de lèse-majesté ! Le Château tempêta. Tchuruk, qui ne savait pas encore gérer ce genre de turbulences, se convainquit facilement qu'il y avait là plus d'ennuis que de bénéfices à tirer. Peu après, il allait céder à Havas la partie « presse » du groupe. Françoise Sampermans, dans l'intervalle, avait été remerciée.

Nous étions à la merci d'un nouveau président. Un de plus dans l'histoire singulière et plutôt malheureuse de ce journal ballotté de main en main, de projet en projet depuis que son fondateur l'avait vendu, et qui, à chaque fois, exerçait sa vengeance en enivrant, un temps, ses nouveaux maîtres...

Le dernier n'a pas failli à la tradition. Baron orgueilleux et froid d'un grand groupe traditionnellement attentif aux humeurs et aux caprices du pouvoir, il est arrivé en affirmant ne s'intéresser ni à la politique, ni au contenu du journal, mais aux chiffres et à nos résultats. Ceux-ci étaient excellents : pour autant, il ne les porta pas au crédit de l'équipe et de la formule qui les avaient engendrés. De toute façon, m'affirma-t-il en me signifiant mon congé, il ne faisait pas des journaux pour les lire. Se serait-il mal entouré ? Obsédé par la réussite de certains périodiques allemands sans en maîtriser la langue ni la culture, sans doute aspirait-il à un équipage plus conforme à ses vœux et à l'étalonnage politique du moment. Comme tant de propriétaires de journaux, se découvrait-il à son tour le goût irrépressible des jeux d'influence parisiens ? Toujours est-il que nous ne nous sommes pas accordés longtemps. Dommage. Sans que je puisse bien comprendre, aujourd'hui encore, le bénéfice qu'il en a tiré, il a brisé net une belle aventure.

L'Express lui survivra sans doute. Moi aussi.

XIV

Temps courts, temps longs

La sagesse chinoise enseigne à considérer les infortunes et les coups du destin comme autant d'occasions de nourrir sa force et sa chance. Elle a du bon.

À Hong Kong, à quelques semaines de la grande bascule de la colonie britannique dans le giron de la Chine communiste, j'observais, à l'ombre des tours de verre et de béton, dans l'odeur de mer affadie par la pollution, cette foule industrieuse et avide qui a si bien réussi, en l'espace de deux générations, à conjuguer, pour son meilleur profit, deux cultures : la chinoise et la britannique, le goût du négoce et le souci des règles, le sens des réseaux et l'ouverture sur le large. J'écoutais quelques-uns de ses dirigeants tenter de me convaincre des atouts que représenterait pour le Territoire le retour à la « mère-patrie », fût-elle le plus immense étalage de tyrannie totalitaire.

« Ce n'est pas pour nous un coup du sort. C'est une opportunité nouvelle. Observez, madame, les temps longs de l'Histoire. Nous, à Hong Kong, en sommes la locomotive dans cette partie du monde. »

Pivotant sur son fauteuil de cuir noir, dans l'angle de son bureau dénudé au 52ᵉ étage de la tour de la Banque de Chine, le vieil homme me tourne le dos. Il contemple la baie, et, à nos pieds, cette ville-univers où se brassent à la vitesse de l'électronique les richesses de la planète. Il est l'un des hommes les plus puissants d'Asie. À vingt ans, il fuyait Shanghai et le nouvel Ordre rouge. Aujourd'hui, à soixante-dix ans, du haut de son empire financier et industriel, il œuvre, comme ses congénères, pour le rattachement de Hong Kong à la Chine. Se retournant vers moi, il me fixe d'un regard sans reflets :

« Ne l'oubliez pas : nous sommes chinois. Nous avons commencé à changer la Chine. À notre façon, pas à la vôtre. À notre rythme. »

Pour justifier des situations qui heurtent nos conceptions et des valeurs dont il convient au contraire de réaffirmer sans cesse l'universalité, il est toujours commode d'invoquer la culture et l'Histoire. Certains de nos meilleurs esprits s'y emploient volontiers à propos de la Chine ou, récemment, de la Serbie. Il n'en reste pas moins vrai que le journalisme a du mal à s'accommoder des temps longs, à y plier ses cadences, à ajuster ses prismes de vision au-delà du lendemain.

Il est pourtant des moments où l'on se sent en phase avec des événements d'une ampleur telle qu'ils embrassent tout ce que l'on peut savoir et ce que l'on devine, où l'on perçoit comme autant de mouvements tectoniques les basculements de l'Histoire.

Ainsi, au Kremlin, en novembre 1988, dans le décor théâtral d'un pouvoir impérial qui semblait encore en mesure d'intimider ses vassaux comme le reste du monde, Mikhaïl Gorbatchev recevait François Mitterrand. À cette occasion, pour *France 2*, j'avais longuement négocié la possibilité de réaliser en direct un entretien croisé avec les deux présidents. À l'époque, le Tsar rouge, comme on le surnommait, apparaissait au monde tout auréolé des audaces de la *perestroïka*, des changements qu'il avait su imprimer au style et à la réalité du pouvoir soviétique, et qu'il semblait si bien maîtriser. Rompant avec le conformisme des kremlinologues patentés qui, si longtemps, n'avaient rien perçu ni compris de l'Union soviétique, nombre de journalistes, parmi les meilleurs, voyaient en Gorbatchev le héros triomphant, décidé, charmeur, capable enfin, pour ses peuples, de faire chanter les lendemains.

Il avait été impossible à Paris d'obtenir, du côté soviétique, confirmation de l'interview. Côté français, les responsables de l'image présidentielle, Jacques Pilhan en tête, avaient bien senti l'intérêt de montrer aux téléspectateurs leur Président aux côtés de l'homme qui tenait le devant de la scène mondiale. On nous avait donc conseillé de nous joindre à la cohorte des journalistes qui couvraient le voyage présidentiel, d'abord jusqu'à Baïkonour – Jean-Loup Chrétien devait embarquer à bord d'une navette spatiale soviétique –, ensuite à Moscou.

L'escale du Kazakhstan avait été édifiante. Perdu au milieu de la steppe, le centre de lancement de la première puissance spatiale du monde, qui tenait tête sur ce front aux États-Unis, ressemblait à un décor de film à tout petit budget : bungalows de bouleau et casemates de mauvais ciment, exposition de tenues de cosmonautes suspendues par des ficelles, avec leurs bandes molletières façon 14-18, et des photos en noir et blanc des héros de l'espace. Rien qui évoquât l'ampleur de l'effort et des sacrifices consentis depuis trente ans, sauf sans doute ce qui était sous terre et dont l'accès nous était interdit.

À Moscou, l'effet d'optique était inverse. À l'intérieur du Kremlin, dans le quartier réservé à la présidence, tout était conçu pour signifier la puissance et inspirer l'effroi : salles immenses aux tables ripolinées, fresques patriotiques, escaliers monumentaux, et, en enfilade, les salons d'apparat sur lesquels veillaient, de brun vêtues, les matrones de service. Tout, sauf les détails : les téléphones blancs à touches multiples dont les fils pendaient dans le vide, les sous-main déchirés, les tableaux de clefs dépareillées, et, comme partout dans le monde communiste, des préposés aux rôles mal définis dormant en tous lieux, affalés sur des coins de table.

La mémoire du cœur

Alain Wieder, venu à Moscou avant nous
pour organiser l'opération, avait réussi à
compléter nos moyens de tournage avec
des techniciens, des caméras et un car de
retransmission de la télévision soviétique.
Ils étaient arrivés avec deux heures de
retard, prétextant s'être perdus à l'intérieur
du Kremlin, et promenaient sur les officiels
et les lieux qu'ils découvraient un regard
apeuré, voilé, pour certains, de vodka. Au
prix de longues tractations, on nous avait
permis d'entreposer notre matériel dans le
salon rouge, là où les deux chefs d'État
devaient recevoir les délégations à l'issue
des entretiens politiques, prévus dans une
salle adjacente. Georges Bortoli, vétéran
des exercices diplomatiques, assis dans un
coin, relisait ses notes avec flegme. Jean-
Pierre Elkabbach, d'*Europe 1*, que Pilhan
avait joint d'office à notre équipée, tournait
nerveusement en rond, écharpe blanche
autour du cou. À l'autre bout du salon,
Alain Wieder, méthodique, passait inlassablement en revue, avec Bernard Couhault,
le chef d'édition, les procédures à déclen-
cher une fois nos personnages installés.
Nous n'avions toujours aucune confirmation de l'accord de Gorbatchev. À deux
heures du Journal, la tension grimpait.

Enfin des officiels arrivent pour inspecter les lieux avant l'arrivée des chefs d'État. À leur tête, un grand escogriffe à l'air tatar qu'on me présente comme le chef du protocole, et qui me prend aussitôt en grippe. À ses vociférations, je comprends qu'il n'apprécie pas la transformation du salon rouge en plateau de télévision. Je m'efforce en vain de le calmer, jusqu'à ce que son homologue français lui explique la situation. Rien à faire : pas question que le camarade président accepte de répondre à nos questions !

Il y a dans l'air une nervosité que ne sauraient expliquer les tracas d'une visite étrangère. Des troubles ont éclaté trois jours auparavant en Azerbaïdjan. Pour la première fois, Moscou vient de reconnaître officiellement que le sang a coulé.

« Pas question d'interview ! répète le chef du protocole. Pas question ! Remballez-moi tout ça ! »

Il décoche un coup à une caméra installée sur son trépied, qui tombe avec fracas.

« Qu'est-ce que ce vacarme ? »

Ma connaissance du russe est quasi nulle, mais le ton de la voix ne laisse pas de doute : Gorbatchev et Mitterrand sont là, tout sourires, et s'inquiètent de la scène. En trois mots, j'explique au second la situation.

« Je vais voir ce que je peux faire pour vous... »

Apostrophant son compagnon, il me présente :

« Mikhaïl, voici madame Ockrent qui a quelque chose à vous demander... »

Avec l'aide de l'interprète présidentiel, j'explique à Gorbatchev notre propos.

« Une interview ? De nous deux à la fois ? Il y en aura un de trop !... »

Il éclate de rire. L'entourage grimace. Mitterrand observe Gorbatchev, sensible, semble-t-il, à l'énergie qui émane du personnage.

« Bon, on verra s'il nous reste du temps après nos discussions... » ajoute-t-il en prenant le chemin de la salle de réunion.

Devant ma mine dépitée, il revient sur ses pas et me prend par le bras :

« Accompagnez-nous, nous reviendrons plus vite ! »

Et de rire de plus belle.

La lourde porte à battants se referme sur les délégations. Je reste nez à nez avec mon ennemi du protocole. Celui-ci me dévisage, hausse les épaules, puis tourne le dos.

Temps courts, temps longs

« Monsieur le Président, quels sont les risques que présente la *perestroïka* pour votre pays ? »

Les deux chefs d'État sont assis côte à côte, munis d'une oreillette pour la traduction. Gorbatchev joue avec la sienne, prétend qu'elle ne fonctionne pas, et, colérique, la jette par terre. Les caméras ont commencé à tourner. Il s'en aperçoit, et, avec le naturel d'un acteur, réajuste l'appareil en souriant. Il aime son rôle et le joue à la perfection, tantôt séducteur, tantôt solennel, avec, dans le regard, un peu de l'étonnement de l'apprenti-sorcier qui regarde bouillonner sa marmite. Il n'élude aucune question, et ses réponses sur les troubles de l'Empire feront les unes du lendemain : « Oui, nous organiserons une rencontre entre insurgés arméniens et azéris. L'Armée rouge est en état d'intervenir ; oui, nous sommes prêts à imposer le couvre-feu à Bakou. Je ne tolérerai aucun désordre qui mettrait à mal l'unité de la patrie... » L'interview ne sera pas diffusée à la télévision soviétique.

Sortant une heure plus tard, épuisés et soulagés, dans la cour du Kremlin couverte de neige fondue que des femmes poussent de leurs balais de chiffon, les pieds enve-

loppés dans du papier-journal, nous sen-
tons monter dans la nuit opaque comme
une grande bourrasque.

Près d'un an plus tard, le 9 novembre
1989, j'étais à Berlin. La muraille de l'Empire s'effondrait à son tour. Dès les premiers craquements, *France 2*, comme tous
les grands médias, avait mobilisé ses
forces. Nous avions affrété un avion en
pleine nuit pour acheminer équipes et
matériel, mettant tout en œuvre pour
suivre en temps réel les embardées d'une
histoire qui était intimement la nôtre : celle
de nos générations, avec leurs espoirs,
leurs mensonges, leurs abandons.
En atterrissant à Tempelhof aux petites
heures du matin, je repensai à mon premier documentaire, vers la fin des années
60, pour les Américains, sur l'édification du
Mur, et aux journées que nous avions passées à nous geler à la frontière tchèque, fil-
mant la vie des familles séparées, nos
pauvres gestes esquissés à l'adresse de ceux
qui, à quelques mètres, étaient parqués de
l'autre côté de la liberté. Ce sont là des
émotions simples et fortes qui forgent pour
la vie quelques convictions. Je n'ai jamais

cru aux lendemains qui chantent, pas plus qu'au Grand Soir ; je n'ai jamais vibré aux pseudo-générosités groupusculaires ; je n'ai jamais été sensible à l'intimidation idéologique entretenue bien au chaud par toutes sortes de faux esprits faisant commerce de leurres. J'ai toujours éprouvé à l'égard du communisme, sous ses formes diverses, une répulsion viscérale, vérifiée et nourrie par toutes sortes d'expéditions dans ses différents paradis. À Berlin, je me souvenais des passages à l'Est qui semblaient toujours sans retour, des arrestations arbitraires, du faciès des gardes vert-de-gris, des maisons sans fenêtres et des rues condamnées, du train de nuit pour se rendre au concert, des rencontres furtives au Pergamon, entre deux momies, avec quelques confrères autorisés et craintifs qui filaient aussitôt, lestés de Marlboros... Je me rappelais, les derniers mois, nos conversations pipées et avinées avec quelques écrivains, toujours au bord de la dissidence pour mieux étourdir leurs interlocuteurs occidentaux. Mis à part le musée Dahlem pour Rembrandt et Vermeer, je n'aimais guère Berlin, sa mémoire asphyxiante. Jusqu'à ce jour où nous attendions que, pan après pan, le Mur s'effrite et s'effondre.

Il n'y avait ni fièvre ni gaieté dans les regards, plutôt une solennité qui ralentissait les gestes et le trafic. Le jour était gris et la nuit tomba vite, froide et sans lune. Nous nous étions installés à l'un des principaux points de passage ; nous y avions déployé une estrade et l'appareillage qui nous permettrait, par satellite, d'assurer, à 20 heures, le Journal en direct. Dans un café proche qui sentait la mauvaise soupe, j'avais travaillé mes interventions, mémorisant les quelques formules qui, espérais-je, donneraient la mesure de l'événement. « Fais simple, pas de mots à plus de trois syllabes ! » Je me souvenais des conseils ironiques et judicieux de Wallace et je l'imaginais, bouillant de ne pas être là.

Tous les autres y étaient. Les chaînes américaines avaient déployé leur énorme logistique. Je croisais des visages familiers : correspondants, cameramen, ingénieurs du son avec qui j'avais vécu d'autres aventures. Nous partagions ces moments d'exception sans dire grand-chose. Une accolade, un geste de loin, et nous vaquions, transistor à l'oreille, encombrés de talkies-walkies, absorbés par le lent déroulement, soudain prévisible, de l'Histoire. Rien à voir avec une guerre ou une révolution, ni crépitements ni éclats de voix. Un grondement sourd montant de partout.

L'heure du Journal approche : nous nous concertons avec Paris et procédons aux essais techniques nécessaires. À quelques secondes de l'antenne, dans la lumière jaune des lampadaires et des projecteurs qui fument dans le froid, j'aperçois, marchant vers nous, nu-tête, sans escorte ni protocole, le chancelier Kohl. On me signale le *top* de départ. En lançant quelques phrases d'introduction, je m'approche de l'homme qui est en train de réunir les deux Allemagne et qui accepte, malgré son émotion visible, de me répondre. Nous ouvrons ainsi le Journal de *France 2* sur un *scoop* mondial, et tout s'enchaîne à merveille, avec de bons reportages réunis par Philippe Rochot et quelques interviews qui donnent du relief à nos explications.

Tout à coup, je vois notre ingénieur mouliner des bras avec désespoir : en France, il n'est rien passé de ce que nous avons fait ! Les signaux-satellite n'ont pas fonctionné. Nous avions oublié que le Mur de Berlin était truffé de ferraille ! Les calculs en ont été faussés. Paris a dû improviser avec ce que la rédaction avait sous la main. Il est 20 heures 21. L'accablement succède à l'euphorie. Frénétiquement, les techniciens refont leurs calculs et modifient de quelques centimètres l'orientation de la coupole. Le signal, maintenant, passe. Il faut recommencer. Le cœur n'y est plus tout à fait et le chancelier est loin. Nous tenons l'antenne jusqu'à 21 heures. De Paris, nos camarades nous consolent. Le résultat était quand même bon ; nos concurrents, eux, n'ont pu diffuser aucun direct. Une bouteille de schnaps circule, qui réchauffe l'haleine. Nous plions bagage sans mot dire.

Miracle et dérision de la technologie, fierté et humiliation d'avoir à la fois réussi et raté. Pour ces moments-là, si âpres, j'aime ce métier.

En plusieurs endroits, le Mur est éventré. La nuit est longue et furieuse, comme si la colère montait pour ce temps perdu, ces familles brisées, ces vies fauchées en tentant de franchir cette barrière devenue dérisoire. Je ramasse quelques fragments du Mur teintés de rouge. Une inscription, un graffiti, un cri en couleur ? Je pars marcher à l'Est. En sens inverse, le regard fixe, les gens se dirigent à pas lents vers les néons de l'Ouest.

Le lendemain, avant de reprendre l'avion, je retourne près de la porte de Brandebourg. Les gens sont là, immobiles, à regarder l'autre côté comme s'ils répugnaient à s'y hasarder. Un homme grand et chauve, tout rond dans son ample pardessus, s'approche, tenant à bout de bras un siège pliant et un long étui de cuir bouilli. Avec précaution, il déplie l'un et déploie l'autre. Sur les ruines du Mur, Rostropovitch est venu jouer Bach.

À Pékin, durant l'été 1996, je déambule sur la place Tienanmen et, soudain, l'image de Rostropovitch, les yeux perdus, jouant à Berlin sa suite favorite, me revient en mémoire. Quand viendra-t-il ici célébrer les morts inutiles et accompagner l'Histoire de son violoncelle ?

L'empire du Milieu impose sa masse et son ordonnancement au monde. La Chine me suffoque. Avec elle, je n'arrive pas à mes fins. À la demande de *Reporters sans Frontières*, je tente depuis plusieurs jours d'entrer en contact avec les familles de Gao Yu et Chen Ziming, journalistes emprisonnés depuis les événements de 1989. Dès mon arrivée à l'aéroport, le régime chinois, avec le raffinement des très anciennes dictatures, a déployé à ma modeste intention ses moyens d'intimidation coutumiers : accueil sardonique au contrôle des passeports – « Madame Ockrent, c'est donc vous, la journaliste ? Vous venez faire du tourisme, à ce qu'il paraît ? Vraiment, vous n'avez pas l'intention de rencontrer en particulier tel ou tel de nos compatriotes ? » –, filature à deux équipes et à deux voitures ; à l'hôtel, valet de chambre un peu trop empressé ; bruits suspects sur la ligne de téléphone... C'en devient comique. Nancy Li, la Chinoise américaine qui m'accompagne, en plaisante avec les chauffeurs de taxi dont nous changeons fréquemment, histoire d'agacer notre escorte à qui nous ne manquons pas, au fil des jours, d'adresser quelques signes provocateurs. Dérisoire, mais, sur l'instant, satisfaisant.

Tous les contacts que nous avions pris depuis Paris se dérobent. Pas question, malgré notre insistance et nos précautions, qu'on nous en donne les raisons. Ce serait perdre la face. Nous comprenons donc que la femme de Chen Ziming, qui se meurt en prison d'un cancer non soigné, est elle-même assignée à résidence avec interdiction de nous rencontrer sous peine d'être privée de son droit de visite mensuelle. Le mari de Gao Yu nous fixe trois rendez-vous auxquels il ne vient pas. Il est trop occupé, nous fait-il savoir de son bureau dont il nous a donné une fausse adresse. Le fils, moins embarrassé, nous fait dire qu'ils sont l'un et l'autre sous contrôle policier. En insistant davantage, nous les mettrions directement en péril.

Même risque pour le professeur de faculté qui, bizarrement, nous a proposé de le retrouver chez lui, sur le campus d'une des universités de Pékin. Nous nous y rendons. Au nombre de gardes imberbes au poste d'entrée, je comprends la manière très chinoise de rendre notre rencontre impossible. Dans la torpeur accablante de l'après-midi, nous parvenons à franchir le premier contrôle, mais on nous rattrape dès l'allée suivante : vérification des papiers, explications laborieuses, vociférations du commissaire politique en maillot de corps, saoul de bière, dérangé en pleine contemplation des Jeux Olympiques à la télévision.

Du coup, on regarde tous ensemble, assis sur une mauvaise paillasse ; des pin-up fluorescentes sont punaisées au mur. Les chaînes locales ne retransmettent que les compétitions impliquant des athlètes chinois. Va donc pour la gymnastique féminine. C'est interminable. Une Chinoise trébuche. « Ça va mal finir pour elle ! Au camp de travail ! » Le commissaire ne manque pas d'humour. Il ne sait plus du tout pourquoi nous sommes là. À force de tempêter, nous obtenons le droit d'aller frapper à la porte du logement de notre professeur. On nous rétorque qu'il est absent. Tant pis, nous laisserons un mot.

Ce n'est pas un appartement, mais un clapier, une sorte de pavillon sans étage divisé en plusieurs compartiments, des ordures sur le sol. Par la fenêtre imparfaitement masquée de papier-journal, j'aperçois un ordinateur. Le professeur n'est pas là. Les voisins s'empressent. Où peut-il bien être, il nous avait donné rendez-vous ! Des policiers l'ont emmené manger, c'est gentil de leur part, non ? lance, en rigolant, la dame d'à côté. À notre égard, aucune curiosité ; simplement, quelques signes de cordialité. Nous ne verrons jamais le professeur.

Prochain rendez-vous : un chercheur qui en a lui-même fixé le lieu, un grand hôtel situé dans un ancien enclos soviétique. Comme d'habitude, nous changeons plusieurs fois de taxi, et, cette fois, nous avons l'impression d'avoir semé nos flics. Nous sommes en avance, il fait horriblement chaud. L'hôtel accueille une convention sur la lingerie féminine. La Chine ne doit-elle pas, selon ses maîtres, développer dans tous les domaines le socialisme de marché ? Nous prenons un café. Fourrageant dans son sac, Nancy, affolée, s'aperçoit qu'elle n'a plus son passeport américain. Bizarre... L'aurait-elle oublié à l'université, ou ne serait-ce pas ce grand type qui l'a bousculée sans raison dans la porte à tambour ?

Pas le temps d'épiloguer ; s'essuyant le front, l'air mauvais, nos Dupond et Dupont ont réapparu, un cartable de toile dissimulant à peine leur arsenal : téléphone portable et arme automatique. Ils ne nous ont jamais signalé d'aussi près leur présence. Pas question de les mener jusqu'à notre rendez-vous. Nancy ira seule, elle est moins repérable. Nous convenons de nous retrouver une heure plus tard, à la cabine téléphonique que nous venons d'utiliser sur un boulevard proche.

Je décide de promener nos protecteurs. J'ai compris que le jeu consiste à m'empêcher d'agir, qu'ils ne me feraient rien, qu'ils ne m'appréhenderaient pas. Si c'était le cas, je ne courrais pas grand risque, tout juste l'expulsion. L'ambassade, prévenue, en avait exprimé une certaine appréhension, mais m'avait fort obligeamment proposé son assistance. Les confrères en poste aussi, qui, comme toujours en système totalitaire, ont beaucoup de mérite à ne pas céder à la paranoïa ambiante. Pendant une heure, j'ai donc déambulé dans un petit marché où se vendaient de vieux pneus et du maïs grillé, épuisant très vite ma curiosité et la patience de mes suiveurs.

Au bout d'une heure, d'une heure et demie, de deux heures, à la cabine téléphonique, toujours pas de Nancy. Je commence à m'inquiéter : elle n'a pas son passeport. Et s'ils avaient décidé de l'arrêter, elle, en même temps que le garçon avec qui nous avions rendez-vous ?

Sans me soucier cette fois de changer de taxi, je rentre à l'hôtel. Elle n'y est pas. Avec les précautions de langage qui s'imposent, j'alerte les amis et l'ambassade des États-Unis. Elle n'en est pas à sa première mission, elle est connue des services. Dans ma chambre, tout est à sa place. Par la fenêtre, je repère les deux voitures noires, la BMW et la Tchaika des policiers.

Les heures passent, mon inquiétude augmente. Je préviens Paris. Habitué aux missions de ce genre, Robert Ménard, qui dirige *Reporters sans Frontières*, garde son flegme.

Mais voici qu'on frappe à la porte. C'est Nancy qui a passé une partie de l'après-midi avec notre jeune homme. Il est bavard et lui a transmis des informations intéressantes sur ce qui reste des milieux dissidents. Il serait prêt à les répéter face à une caméra. Pas question ! Tous les signes révèlent un raidissement politique du régime. C'est trop dangereux pour lui comme pour ceux dont il pourrait faire mention. Nous repartirons sans interview.

C'est pour ce genre de décision-là aussi qu'on aime ce métier.

Quatre mois plus tard, Chen Ziming, jugé sans doute trop malade pour nuire, sera remis en liberté sous conditions. Les quelques articles que nous avons pu publier çà et là ont peut-être joué aussi leur rôle.

N'en déplaise aux sophistes et aux grincheux de tous bords qui, dans le confort de

notre système démocratique, incriminent
le rôle des médias, les rendent comptables
de tous les maux, l'information demeure
une fonction vitale et parfois salvatrice.

Mais, les journalistes devraient bien être
les premiers à douter d'eux-mêmes...

XV

Le temps à venir

Dans une démocratie d'opinion comme la nôtre, le rôle des médias est la cible de toutes les critiques et de toutes les suspicions. Des intellectuels s'en emparent, qui en méconnaissent souvent le fonctionnement et gonflent jusqu'à la prétention pseudo-scientifique les conclusions d'une « médiologie » aussi péremptoire que passionnelle. Des sociologues vitupèrent, prompts au mépris, ne reconnaissant de légitimité et de talent qu'à eux-mêmes, affaiblissant ainsi la portée d'une critique légitime et nécessaire. Il ne suffit pas de s'en prendre aux protagonistes du « champ journalistique », à leur « inculture » et à leur « conformisme petit-bourgeois », comme dirait Pierre Bourdieu[1], il ne sert à rien d'enfoncer quelques portes à tambour sur les lois du marché ou les rapports entre la pensée et la vitesse ; il faut plutôt prendre en compte l'évolution du métier, de ses technologies, et la transformation des besoins auxquels il doit répondre.

Il existe en France une incapacité quasi culturelle à aborder sans parti pris ni querelles de personnes la question des rapports entre les médias et leur environnement. On voit bien pourtant que les problèmes se compliquent et se multiplient. Vis-à-vis de la justice : entre le droit de savoir, le secret de l'instruction et la présomption d'innocence ; vis-à-vis des mœurs : entre vie publique et vie privée ; vis-à-vis de la politique, avec le renforcement du Front national et les brèches qu'il inflige, au nom du pluralisme, à notre système de valeurs ; ou encore vis-à-vis des contraintes économiques qui affectent la production et la diffusion de l'information.

Il n'y a jamais eu d'âge d'or. Ceux qui affichent la nostalgie d'une ère – mythique – où les médias, singulièrement la presse, auraient été exemplaires, travestissent leur

---

1. Pierre Bourdieu, *Sur la télévision*, Liber éditions, 1997.

histoire. Ou alors ils cachent mal leur regret de voir révolue une époque où la culture était censitaire, où l'accès au savoir et aux nouvelles était réservé à une minorité d'individus cooptés selon leur pouvoir, leur richesse et leur éducation.

Nous appartenons au siècle de l'information. Pour le pire et le meilleur, elle est aujourd'hui partagée par le plus grand nombre. Déjà la révolution électronique bouleverse ses modes de diffusion et d'échange. Ce sont là des défis nouveaux qui s'imposent au métier, sans pour autant que les anciens aient tous été relevés, encore moins résolus. Mais l'ont-ils été davantage, s'agissant d'autres aspects du fonctionnement de notre démocratie ?

Je sais les reproches que l'on fait aux journalistes et à leur caste. Je les accepte et en prends ma part. Le pire me paraît être celui qui nous accuse de nous être fondus dans la géographie des pouvoirs, de nous y confondre et de nous y complaire, de négliger à leur égard le devoir de colère, d'oublier à leur avantage l'intérêt de ceux auxquels nous nous adressons. Et, pour nos fautes ou nos égarements, de bénéficier d'une forme d'impunité qui, dans notre cas comme en d'autres, paraît à l'opinion de plus en plus intolérable, sauf à entretenir son dégoût et son indifférence.

Pourtant, de ce que j'ai appris, de ce que les uns et les autres m'ont offert – mes maîtres de hasard, mes enseignants de passage, tous ceux à qui je n'ai pas toujours su dire merci –, je retiens d'abord le rejet du cynisme, litière de toutes les complaisances. Le sens et le goût du risque. L'envie permanente de passer la porte, d'aller voir ailleurs, plus loin, vers l'inconnu. Le refus farouche de faire carrière, de poursuivre le pouvoir pour son seul objet. Le dédain des précautions qui ne servent qu'à préserver un fonds de commerce, un fauteuil, un strapontin. C'est bien là que se situent les pièges et les compromissions qui abîment le cœur, fonctionnarisent l'esprit et diluent le courage.

Il y a des jours fastes et des semaines de jeûne, des années éclatantes et des mois de solitude, plus rudes à vivre à proximité du succès : la vie des journalistes exposés à la notoriété, avec ses caprices et ses injustices, est faite de tempêtes. À l'excès de flatteries succèdent trop de blâmes. C'est un apprentissage de plus.

Dans le creux comme sur la crête des vagues, il y aura toujours ces sourires d'inconnus croisés au hasard des rues et des chemins, ces exclamations qui diront le temps que nous aurons vécu ensemble, eux dans leur vie, moi dans le poste à leur parler, leur écrire. Autant de souvenirs, d'émotions retrouvées qui estompent les erreurs, adoucissent les regrets et donnent l'envie d'avancer.

Tel un musicien qui, pour les autres, jouerait une symphonie en changeant parfois d'instrument, de tempo et de tonalité, j'ai le privilège d'exercer mon métier et de m'y être formée de diverses manières : à la télévision, à la radio et dans la presse, en hebdomadaire et au quotidien, en français et en anglais. De ces allées et venues qui entretiennent l'appétit, qui ramènent à l'humilité et renouvellent l'expérience, d'un *Dimanche soir* sur *France 3* à un reportage pour *Channel Four*, d'un édito de *BFM* à un entretien de presse écrite, je retrouve à chaque fois les mêmes sensations – celles de l'artisan qui remet son objet sur le tour et le travaille de neuf, taillant et polissant, s'efforçant de corriger ses erreurs, heureux de répéter son geste et curieux de l'améliorer.

Ce sont ces sensations-là qu'il convient de cultiver. Elles protègent du cynisme et de la lassitude. Elles nourrissent la conviction d'être utile aux autres, et donc légitime à leurs yeux.

Elles donnent envie, demain, de tout recommencer. De ne pas compter le temps qui file, mais encore et toujours de le saisir au vol, de le bousculer, de le démultiplier, de le fractionner, de le recomposer, de le narguer, de le berner, de le nier. Et, peut-être, de finir par le vaincre.

TABLE

La mémoire du cœur

Cet ouvrage a été composé par
PARIS PHOTOCOMPOSITION
36, avenue des Ternes, 75017 PARIS

Impression réalisée sur CAMERON par
BRODARD ET TAUPIN
La Flèche

pour le compte des Éditions Fayard
en mars 1997

Imprimé en France
Dépôt légal : mars 1997
N° d'édition : 1606 – N° d'impression : 6696R-5
ISBN : 2-213-03003-0
35-57-8945-01/1